广东省高职教育教学改革研究与实践项目研究成果

高职产业学院建设的"五然"研究与实践探索

以广州番禺职业技术学院为例

Research and Practical Exploration on the "Wu Ran" of the Construction in Higher Vocational Industrial Colleges

孙颖荪 段 琪 欧阳丽 齐立辉 陈 昕 著

中国科学技术大学出版社

内 容 简 介

高职产业学院是围绕产教融合、校企合作而衍生的新型办学模式。产业学院的建设将有效完善高职院校产教融合、协同育人机制,构建高等教育与产业集群联动发展机制,打造融人才培养、科学研究、技术创新、企业服务、学生创业等功能于一体的新型人才培养实体。本书从"产业学院建设的必然、产业学院研究的应然、产业学院研究的蔚然、产业学院建设的实然、产业学院建设的期然"出发,探讨高职产业学院建设的概念及内涵、理论体系、利益主体、产教融合、运行模式等,并以广州番禺职业技术学院产业学院建设为例,剖析了高职产业学院建设中存在的问题及相应对策,以期有效指导高职产业学院的建设,助力相关院校创新人才培养模式、提升专业建设质量、开发校企合作课程、打造实习实训基地、建设高水平教师队伍等。

图书在版编目(CIP)数据

高职产业学院建设的"五然"研究与实践探索:以广州番禺职业技术学院为例/孙颖荪等著. -- 合肥:中国科学技术大学出版社,2024.12. -- ISBN 978-7-312-06168-4

Ⅰ. G718.5

中国国家版本馆CIP数据核字第2024VM0869号

高职产业学院建设的"五然"研究与实践探索:以广州番禺职业技术学院为例
GAOZHI CHANYE XUEYUAN JIANSHE DE "WU RAN" YANJIU YU SHIJIAN TANSUO: YI GUANGZHOU PANYU ZHIYE JISHU XUEYUAN WEI LI

出版	中国科学技术大学出版社 安徽省合肥市金寨路96号,230026 http://press.ustc.edu.cn https://zgkxjsdxcbs.tmall.com
印刷	安徽省瑞隆印务有限公司
发行	中国科学技术大学出版社
开本	710 mm×1000 mm 1/16
印张	9.75
字数	186千
版次	2024年12月第1版
印次	2024年12月第1次印刷
定价	68.00元

前言

2023年6月,《职业教育产教融合赋能提升行动实施方案(2023—2025年)》由国家发展和改革委员会等八部委联合发布,该《实施方案》提出坚持以教促产、以产助教,不断延伸教育链、服务产业链、支撑供应链、打造人才链、提升价值链,加快形成产教良性互动、校企优势互补的产教深度融合发展格局,持续优化人力资源供给结构,为全面建设社会主义现代化国家提供强大人力资源支撑。

当前,随着"产教融合、校企合作"理念的深入人心,高职产业学院作为这一理念的具体实践形式,在全国范围内的高职院校推广开来。广州番禺职业技术学院作为国家高水平学校30强建设单位,积极响应国家政策,依托区域产业优势,率先开展产业学院建设,通过深度整合教育资源与产业资源,实现了教育与产业的紧密对接,有效提升了人才培养的质量与效率。本书旨在深入挖掘广州番禺职业技术学院产业学院建设的核心理念与成功要素,创立"五然"理念以系统梳理产业学院建设的实施路径与操作策略。其中,"必然"是从产业学院的建设依据出发探讨产业学院建设理念起源的必然性;"应然"和"蔚然"指产业学院建设理念发展过程中理论研究的必要路径和典型思想的繁荣发展;"实然"从体制机制、人才培养模式、师资团队和技术与社会服务四个角度阐释产业学院建设的实际实施路径;"期然"指当前社会、经济和技术发展趋势对产业学院建设的影响及所预期的实施效果。

本书的特点主要包括三个方面:

（1）理论与实践相结合。不仅阐述了"五然"理念的理论基础，更通过丰富的案例分析，展示了这些理念在广州番禺职业技术学院产业学院建设中的具体应用与成效。

（2）前瞻性与实用性并重。既着眼于高职教育未来的发展趋势，又紧密贴合当前产业学院建设的实际需求，为读者提供了既具前瞻性又具实用性的指导。

（3）系统性与创新性兼具。从理念到实践，从规划到实施，系统地构建了产业学院建设的框架体系，同时，在内容编排与呈现方式上也有所创新，增强了可读性与吸引力。

本书为2023年广东省高职教育教学改革研究与实践项目"现代产业学院实体化运行路径研究"（编号：2023JG323）、"基于区域产业集群模式下的泛联盟式产业学院建设探索与实践"（编号：2023JG369）的研究成果。

本书由广州番禺职业技术学院孙颖荪、段琪、欧阳丽、齐立辉和陈昕共同编写，校企合作办公室、高职教育研究所和现代物流学院等单位给予大力支持。本书是对高职教育改革与产业学院建设的一次深度剖析与总结，我们期待它能够为广大高职教育工作者、研究人员以及相关政策制定者提供参考，从而共同推动中国高等职业教育的持续发展与创新。

2024年3月

目 录

前言 i

第一章
产业学院建设的必然 1

第一节　产业学院概述 3
第二节　产业学院建设的政策依据:探索职教改革 12
第三节　产业学院建设的院校需求:深化产教融合 19
第四节　产业学院建设的社会需求:储备技术人才 25

第二章
产业学院研究的应然 31

第一节　产业学院的国际比较研究 33
第二节　国内产业学院研究总体进程 43
第三节　产业学院研究体系 50

第三章
产业学院研究的蔚然　59

第一节　新制度经济学视角：产业学院中的多元利益主体　61
第二节　结构功能主义视角：产业学院的功能分析　66
第三节　场域理论视角：产业学院作为产教融合的场域　71
第四节　共生理论视角：产业学院的共生系统　76

第四章
产业学院建设的实然　83

第一节　探索混合所有制下产业学院的办学模式　85
第二节　创新混合所有制产业学院人才培养模式　96
第三节　组建"双师双能型"高素质师资团队　102
第四节　打造基于产业学院的技术技能创新服务平台　106

第五章
产业学院建设的期然　113

第一节　政校联合，打造立足区域经济发展的产业学院　115
第二节　产教融合，构建服务重点产业发展的产业学院　121
第三节　数智耦合，重塑产业学院基础条件和内涵建设　131
第四节　利益整合，完善产业学院组织建构和保障体系　140

参考文献　149

第一章

产业学院建设的必然

⊙ 产业学院概述
⊙ 产业学院建设的政策依据:探索职教改革
⊙ 产业学院建设的院校需求:深化产教融合
⊙ 产业学院建设的社会需求:储备技术人才

第一节　产业学院概述

产业学院的发展是高职教育改革与实体企业发展相结合的积极尝试,是推动区域经济发展和人才培养适配性的新型办学组织。产业学院的建设旨在解决高职教育与企业需求相脱节的问题,通过深度融合高等职业院校、地方政府和行业企业的资源,共建产业学院,培养适应产业发展需求的高素质技术技能人才,推动产业升级和区域经济发展。

国内高职教育领域最早的产业学院出现在2006年,由浙江经济职业技术学院先后与浙江物产集团、浙江元通集团共建的"物流产业学院""汽车售后服务产业学院"。2011年,中山职业技术学院按照"一镇一品一专业"思路推进专业镇产业学院建设,相继成立了"沙溪服装学院""古镇灯饰学院""南区电梯学院""小榄工商学院",因其特色鲜明、影响较大,常被部分研究者视为我国产业学院的发端。2019年起,在中国特色高水平高职学校和专业建设计划(简称"双高计划")的推动下,产业学院的建设取得了显著的成效。例如,广州番禺职业技术学院通过实施"双高计划",深入推进产教融合,建设了广东省示范产业学院——广州皮都皮具产业学院,创造了艺术设计领域产业学院建设与管理的先进经验、专业培养标准和育人模式。这种模式的成功实施,不仅提升了学校高水平专业群的教学质量和社会服务能力,也为地方经济的发展和产业的升级提供了有力的人才支持。

一、产业学院的概念及内涵

(一)产业学院的概念

高职院校产业学院是围绕产教融合、校企合作而衍生的新型办学模式。2020年7月,教育部与工业和信息化部共同发布的《现代产业学院建设指南(试行)》提出,产业学院的建设目的是完善高职院校产教融合、协同育人机制,构建高等教育与产业集群联动发展机制,以便打造融合人才培养、科学研究、技术创新、企业服务、学生创业等功能于一体的新型人才培养实体。

产业学院的概念可以追溯到2006年，学者俞步松首次提出"产业学院"应有"强大产业集团的支持"。2019年，"双高计划"提出"吸引企业联合建设产业学院"，这是"产业学院"概念首次出现在国家政策层面。2020年，《现代产业学院建设指南（试行）》进一步阐述了产业学院的建设方向和发展形态。

2024年，怀进鹏部长提出的"新双高"战略，旨在进一步深化职业教育的产教融合，创新推进以"办学能力高水平、产教融合高质量"为导向的建设。这一战略的核心目标是提升高职院校和专业的整体办学水平，并通过高质量的产教融合来促进学生全面发展，服务经济社会发展。

目前，要明确产业学院的概念首先需要厘清产业学院与传统二级学院的关系。根据职业院校的实践，产业学院主要有两种建设形式：一种是由二级学院依托自身的优势学科专业，与政府、行业协会和企业合作建立的隶属于二级学院的办学机构，没有组织层级，属于二级学院的一种项目建设；另一种是由学校层面主导，遵循产业需求直接建立的二级学院，是真正的二级办学实体，拥有招生、教学和就业等自主权。在实际应用中，第一种产业学院占多数，是各职业院校实现专业转型发展、人才创新培养以及科技成果转化的项目载体，在此基础上，将产业学院的建设主体下沉到二级学院更具有可操作性。

（二）产业学院的内涵

结合上述对产业学院的定义，聚焦高等职业教育领域，可从各主体的逻辑关系界定产业学院的内涵。

1. 基于产业学院运行主体的内涵

首先，高职院校产业学院中各主体的合作逻辑，建立在资源共享、合作共赢的基础上，即合作的前提是各方有共同指向的正和博弈；其次，高职院校产业学院是相对独立的个体，这个独立主要指的是其在学生培养目标、内容和程序上的相对独立，并不是依靠行业企业而存在的教学机构；再次，产业学院的各构建主体要实际参与和贯穿整个学院的建设、管理、架构等设计工作和日常运行的全过程；最后，整个产业学院的建设和运行离不开地方政府的参与和管理。地方政府不仅仅是为了完成任务和指标走形式，而是要深入具体办学过程，为其他合作方提供沟通、对话、协商机制。

因此，产业学院作为一种新的教育载体，通过整合政府资源、企业需求和学校教学，旨在培养符合产业发展需求的高素质技术技能人才。这种教育载体不仅是培育学生实践能力和就业竞争力的场所，也是职业教育与产业发展相融合

2. 基于产业学院运行模式的内涵

2020年,教育部与工业和信息化部共同发布面向应用型高校的《现代产业学院建设指南(试行)》,于2021年公布第一批现代产业学院试点名单,并形成了大量的实践案例。虽然本科院校在建设现代产业学院的基础和要求方面与职业院校有差异,但是结合对各院校现行的产业学院的研究,产业学院的内涵在学术上的讨论立足点主要包括基地说、学院说、实体说、模式说、机构说、平台说和组织说。

(1) 基地说。基地说将产业学院作为企业与高职院校进行产业合作的一个实践教学基地,认为产业学院的运作模式是以企业为主,将企业的一些培训项目内嵌到高职院校。有研究人员认为该模式有利于产教融合、工学结合,有利于更好地让教学为产业服务。

(2) 学院说。学院说将产业学院作为一个学校的二级学院看待。在学院说视角下,产业学院一般为校企共建的、具备混合所有制特征的独立二级学院。学术界对学院说较为认可,认为这种模式更有利于教学的顺利开展和使用现有高职院校的资源,是一种较为主流的产业学院的构建模式。

(3) 实体说。实体说将产业学院作为一个独立的实体进行运作。该模式下的产业学院由政府、企业(产业园)和学校以及一些社会团体共同建立。实体说认为,将教学过程中的学历教育、技能培训等融于产业学院,产业学院就相当于一个教学型的企业。这种模式对学生技能的重视程度往往要高于学历教育,可以将产业学院视为一个加强版的技术培训学校。该模式的社会认可度不高,有待提升。

(4) 模式说。模式说认为产业学院是校企合作的一种模式,是指在现有的高职院校内,对现代产业学院采用企业化的管理方式,建构符合现代企业的内部治理结构,整个办学模式采取市场化运行机制。

(5) 机构说。机构说将现代产业学院作为一个具有混合所有制特征和产业服务职能的独立机构来运作,内部的治理方式更符合公司治理模式,整个产业学院的运行按照市场化进行运作。

(6) 平台说。平台说将现代产业学院的功能作为高职院校的一种附属功能。平台说认为,产业学院是高职院校利用自身特有优势,联手企业与地方政府、行业协会以及相关其他合作方建立的带有产学研性质的职业教育平台。

(7) 组织说。组织说认为现代产业学院是为了实现对知识进行储存、传播、创新和转化而建立的一种新型跨组织载体。

综上所述，产业学院在实践中因高职院校、合作企业、地方政府和其他合作方的诉求不同，而呈现出不同的模式。从现阶段来看，没有哪一种模式能有效回应各个利益方的多元诉求，因此，各院校要根据自身特点，针对不同的企业经营实际情况，构建符合不同专业和行业需要的产业学院模式。

二、产业学院的特征与核心要素

（一）产业学院的特征

现阶段很多高职院校的产业学院已经落地且正在运行，其最大的特征是产业学院的整个功能和运作机制均与合作企业紧密相连。同时，在深化职业教育高素质技术技能人才培养的过程中，产业学院在建设主体、服务对象、建设内容以及组织目标方面呈现出不同的特点。

1. 建设主体的多元化

当前，职业教育集合了高职院校、地方政府、企业、产业园（开发区）等各方的优势资源，对学生进行价值观塑造、知识传授和技能养成。产业学院涉及多方利益主体，多个主体需要在一个教育体的框架内达成各自利益诉求，并争取获得整体利益最大化。首先，从产业学院的投资来看，产业学院的建立需要各利益方进行投资绑定，否则很难形成紧密的利益诉求共同体。投资主体多元化必然涉及投入资源的定价、产权划分、公有和私有产出的监督等一系列问题，如何构建一个合理的投入、运行、监管和退出机制，是构建产业学院治理结构的本源。其次，从产业学院的运作目标来看，产业学院既要培养符合企业或产业需要的技术型复合人才，又要进行科研开发及科研成果的转化等，这必然带来各参与主体的目标诉求不同。最后，产业学院与企业之间的合作是动态的。产业学院建立初期，可能选定某个具体企业进行合作，随着产业学院的发展壮大，其他企业也可能希望参与其中。此时产业学院面临着合作的难题：若选择合作，可能对早期投入企业不公；若不合作，则不利于产业学院的长期发展。基于这种考虑，产业学院在建立初期就应充分考虑类似情况，引入地方政府，构建较为开放和公平的合作平台，促进各方利益主体共赢发展。

2. 服务对象的定向性

首先，从产业学院的实际运行角度来观察，一个成功的产业学院运行应与产业紧密合作,产业学院培养人才的核心目标始终围绕着满足特定行业或企业的实际需求而展开。其次,从产业学院运行的发展角度看,其根本立足点在于其专业设置要服务特定产业或企业。若缺乏这一明确的定位,产业学院将面临生存的困境和可持续发展的挑战。服务对象的特定性要求产业学院在发展过程中必须进行长远规划,否则一旦合作行业和企业出现变故,将对产业学院产生巨大冲击。产业学院作为教育行业的一部分,其转型速度相对较慢,受行业惯性影响较大,因此制定长远的发展规划显得尤为重要。

3. 建设内容的跨学科性

高职教育旨在培养具备综合知识基础的学生,以适应各类基础岗位。如对于企业产品研发而言,要求学生具备技术含量较高的研发素养难度较大,可以培养既具备研发能力又了解营销的复合型人才。这类人才培养除了要求他们具备基础研发能力外,还要求他们具备一定的营销能力,从而能更有效地满足企业在大客户销售方面的需求。而对于产业学院来说,其人才培养往往是针对个别行业和企业的需求开展跨学科、跨界的人才培养,可以说,其人才培养目标和课程选择更多基于行业发展或产业链建设的实际需求,而非单纯基于学生的专业方向。这也使得产业学院的建设内容呈现出学科横向联合的显著特征。

4. 组织目标的区域性

高职院校的发展与其所在区域紧密相连,只有紧密结合地方需求,产业学院才能更好地满足地方的发展需要,从而确保发展的可持续性。因此,产业学院在制定发展规划时,一定要考虑合作企业或行业的区域性,否则就容易造成人才培养的错配和资源的浪费。以广东地区为例,《广东省制造业高质量发展"十四五"规划》称:"'十四五'期间,广东省将重点发展十大战略性支柱产业和十大战略性新兴产业。其中,十大战略性支柱产业包括新一代电子信息、绿色石化、智能家电、汽车、先进材料、现代轻工纺织、软件与信息服务、超高清视频显示、生物医药与健康、现代农业与食品。十大战略性新兴产业包括半导体与集成电路、高端装备制造、智能机器人、区块链与量子信息、前沿新材料、新能源、激光与增材制造、数字创意、安全应急与环保、精密仪器设备。"那么,高职教育发展只有适应本地产业的需要,切合其经济发展的内容和外延,才能确保整个产业学院发展具有内在原动力。

综上可知,现代产业学院具有多元主体的混合性、服务对象定向性、跨学科和组织目标的区域性的特点,这些特点充分说明高职院校的产业学院是为了满足市场需要和解决社会问题而建立的。

(二) 产业学院的核心要素

高职院校产业学院的核心要素是其能够存在、发展的根本原因。纵观国内众多发展较为完备的产业学院,其核心要素为产业学院的治理模式、人才培养模式和教师培养体系。

1. 治理模式

虽然各产业学院的建设内容各有特色,但均采用多元主体共建共管形式,同时,绝大多数产业学院主要的举办方大体均为政府、企业和高校三方,三方有各自的资源优势并各司其职,通过产业学院的董事会、理事会、管委会、产教联盟等具体的管理机构来实现对整个学院发展和日常运行的管理。产业学院的不同管理制度主要体现在政府、企业和高校这三个主体上,即谁是牵头方,谁是落实方,以及由谁主导产业学院建设和发展。

在不同主体的主导下,产业学院也呈现出不同的发展方向。政府在宏观经济调控、资金支持和长期规划方面具有显著优势;企业深谙行业与产业需求,能为学生提供具体的能力标准;高校则擅长把握教学规律,构建学生的完整知识体系。但无论何种治理模式,产业学院的发展都需充分调动各方积极性,共同注入活力:政府应在现行政策基础上,出台协同育人政策,吸引龙头企业参与产业学院建设。企业需明确学生能力与素质要求,提供优质的实习、实训和就业资源,并在人才培养方案制定方面提供建议。此外,企业应投入核心骨干参与高校人才培养全过程,与高校合作开展横向课题研究等合作事项。高校则需深入调研,融合企业需求,制定符合企业发展的专业人才培养方案与课程体系,设置企业课程和应用课程,培养双师型教师队伍,利用横向课题为行业企业提供技术支持,积极推动成果转化,助力企业转型升级与区域产业发展。

2. 人才培养模式

产业学院的人才培养目标是培养合作企业需要的专业人才,并缩短对口人才的上岗培训时间,提升其适配度。产业学院的人才培养目标要契合所对接的企业或产业园的发展需要,并根据企业和产业园的发展不断进行动态调整。因此,参与产业学院建设的各方要构建一个合理的、有弹性的人才培养模式开发系统。政府要定期组织制定人才培养方案的专业负责人进行产业发展讨论,调研产业发展的现状和方向;企业要提供明确的人才素养要求和能力要求,确保制定人才培养目标和具体方案的校方能清楚企业的具体目标;高职院校的专业教师则需持续跟踪行业动态,与企业、行业领袖和专家保持密切沟通,以便精准把握专业发展的现状和潜在趋势。在制定具体的人才培养目标和计划时，需具备前瞻性，并预留一定的空间，以便在未来根据实际需求对培养方案进行灵活调整。

3. 教师培养体系

产业学院成功与否的关键因素在于是否有适合的高水平师资队伍以便落实上述目标。近年来，我国高职院校的教师队伍主要来源于高校的应届硕士、博士毕业生，他们学历高、科研能力强，但是对于具体的产业情况大多并不了解。部分从企业转到高职院校的教师，虽然有较好的企业从业经历，但随着教学工作的开展其与原有产业的联系逐步减少，再加上产业发展迅速，导致很多高职教师对于其专业所对应行业的了解是有限的。

当前我国高职院校教师的职称晋升体系，主要侧重于教学工作量和科研指标等方面，缺乏从行业认知和相关产业发展层面对教师进行考核。产业学院的教师培养体系应紧跟相关企业和行业的动态发展，与教师对行业和企业的贡献度挂钩，以促进教师对产业进行持续研究。此外，企业也要打通产业学院与企业内部人才交流和沟通机制，明确优秀的教师可以赴企业兼职做工程师等，同时企业的优秀员工和管理层也可到产业学院担任教师，甚至转为全职教职。为实现这一目标，政府在产业学院用人方面应给予政策倾斜，从而构建弹性的产业学院用人体系和教师培养体系。

三、产业学院与二级学院的共性与差异性

在职业教育体系中，产业学院和二级学院是两种不同但又相互联系的教育组织形式。它们各自承载着独特的教育使命和功能，也在某些方面展现出显著的共性。以广州番禺职业技术学院为例，"双高"建设期间其先后建设李宁运动产业学院、昭信数字设计产业学院等产业学院，与学校艺术设计学院高水平专业群的建设相得益彰，贡献诸多协同发展启示。

（一）产业学院与二级学院的共性

1. 教育目标的共性

无论是产业学院还是二级学院，它们的教育目标都致力于培养符合社会需求的高素质技术技能人才。产业学院注重与产业的紧密结合，以市场需求为导向，培养具备实践能力和创新精神的应用型人才，例如李宁运动产业学院主要面

向运动鞋服行业培养数字设计人员,具有很强的产业指向性。而艺术设计学院则更加注重艺术设计学科基础和专业知识的培养,致力于为学生打下坚实的专业理论和实践基础。尽管侧重点有所不同,但两者的教育目标都体现了对人才培养的高度重视。

2. 课程设置的共性

在课程设置方面,产业学院和二级学院都注重课程体系的系统性和完整性。它们根据各自的教育目标和专业特色,设计了一系列涵盖基础理论、专业知识、实践技能等方面的课程体系。同时,两者都注重课程内容的更新与优化,以适应社会发展和行业需求的变化。此外,产业学院和二级学院还都重视实践教学环节的设置,通过实习、实训、课程设计等方式提高学生的实践能力和解决问题的能力。

3. 师资队伍的共性

产业学院和二级学院在师资队伍建设方面也存在一定的共性。首先,两者都注重教师的学术水平和专业素养。它们通过引进高水平人才、加强"双师型"教师培训等方式提高教师队伍的整体素质。其次,两者都重视教师的实践经验。产业学院鼓励教师参与企业实践,到企业一线锻炼,了解行业动态和技术发展趋势;而二级学院则鼓励教师开展与企业技术开发相关的应用型研究活动,提升学术水平。最后,两者都注重教师团队的建设,通过团队合作、学科交叉等方式提高教师的教学和科研能力。

4. 学生管理的共性

在学生管理方面,产业学院和二级学院都注重学生的全面发展和个性培养。它们通过完善学生管理制度、丰富学生课外活动等方式营造良好的学习和生活氛围。同时,两者都重视学生的思想政治教育和心理健康教育,帮助学生树立正确的世界观、人生观和价值观。此外,产业学院和二级学院还都注重培养学生的创新能力和实践能力,通过科技创新、社会实践等活动提高学生的综合素质。

5. 社会服务的共性

产业学院和二级学院在社会服务方面也展现出显著的共性。两者都积极承担社会责任,为地方经济和社会发展提供人才支持和智力支撑。产业学院通过与地方政府、企业等合作开展产学研合作项目,推动科技成果转化和应用;而二级学院则通过开展实践教学、应用研究和文化传承等活动为社会发展提供学术支持。同时,两者都注重培养学生的社会责任感和公民意识,鼓励学生积极参与社会公益活动。

(二) 产业学院与二级学院的差异性

1. 建设地位的差异

产业学院的建设是职业院校与产业界的桥梁,旨在促进教育链、人才链与产业链、创新链的有机衔接。它注重产业需求导向,以培养学生的实践能力和创新精神为核心,通过与产业界的紧密合作,实现人才培养和产业需求的无缝对接。相比之下,二级学院则更多地作为高等职业院校内部的教学和科研组织,承担着某一学科或专业领域的教学和科研任务。它侧重于学科建设和学术研究,注重培养学生的学科素养和综合能力。

2. 学院功能的差异

大学的功能公认有四点:人才培养、科学研究、服务社会、文化传承与创新。在职业院校中,产业学院的功能定位具有鲜明的产教融合特色。它不仅提供传统的课堂教学,还注重实践教学、项目式教学等创新教学模式的运用。通过与企业共建实验室、实训基地等方式,产业学院为学生提供了更加贴近实际的工作环境和实践机会。此外,产业学院还承担着科技成果转化和创新创业孵化的任务,推动学校科研成果向产业界转化和应用。而二级学院则更加注重行政组织管理,在人才管理、科研管理、服务管理等方面更为关注。因此,产业学院注重成果产出,二级学院则注重组织的管理和建设。

3. 运作模式的差异

产业学院的运作模式通常更加灵活和开放。它采用校企合作、政产学研用协同创新的方式,通过共建共享资源、共同制定人才培养方案等途径,实现教育与产业的深度融合。产业学院还注重引入市场机制,通过与企业合作开展横向项目、共同课程开发等方式,拓宽资金来源渠道,增强自我发展能力。相比之下,二级学院的运作模式则相对固定和封闭,主要以高校内部的学科建设和学术研究为主,与外部环境的互动相对较少。

4. 发展前景的差异

随着产教融合的不断深入和高等职业教育改革的持续推进,产业学院的发展前景日益广阔。它不仅能够满足产业发展对高素质技术技能人才的需求,还能够推动职业院校科研成果的转化和应用,促进区域经济的发展和创新能力的提升。同时,产业学院还能够为学生提供更加多样化的学习体验和就业机会,有助于培养学生的综合素质和创新能力。而二级学院则需要更加注重学科交叉融合和跨学科研究,以适应新时代对多元化人才的需求和学科发展的趋势。

第二节 产业学院建设的政策依据: 探索职教改革

20世纪全球产业经济蓬勃发展,产业大学相继在不同国家和地区建立,并形成了对产业经济发展的有力支撑。日本于20世纪30年代兴起产业大学建设,大阪产业大学、静冈产业大学、新潟产业大学、爱知产业大学等一批聚焦工业和应用领域的大学相继成立,为后来日本经济的迅速发展作出重要贡献。伴随20世纪70年代韩国经济在亚洲迅速崛起,韩国提出"教育立国、科技立国"战略,其《高等教学法》明确要求产业大学应将培养学生现场实务能力作为主要教学目标,由此助推产业大学兴旺发展,出现了在校生数占大学生总数42.24%的盛况,为韩国产业化发展提供了大量的技术技能人才。英国于1998年开始策划酝酿产业大学,并发布了《英国的产业大学——使人人都参与终身学习》,使得产业大学在2000年正式运营时已完成1113个在线学习中心建设和57.5万门课程储备,同时英国政府将其作为提高企业生产力和竞争力、帮助个人提升技能和就业能力、构建学习型社会的重要组成部分。中国台湾地区于2006年启动"产业大学转型计划",构建了以职业训练中心、学校、企业界三方紧密联系的教学及实习合作平台,建立了以教学与就业兼顾的教育模式,形成了技术职业教育"做中学、学中做"的务实致用办学特色。以上国家或地区的实践经验说明了政策对推进产教融合发展的重要性。

在国家政策的支持下,我国产业学院得到了不断的发展和推广,教育部针对应用型本科院校的现代产业学院建设出台《新工科研究与实践项目指南》和《现代产业学院建设指南(试行)》等文件,为产业学院的发展提供了宏观政策和具体资金支持。而高等职业教育从诞生之日起,便一直强调"工学结合、校企合作",近年来提出的"产教融合",都与"产业学院"有着密不可分的关系。基于此,本书梳理出高职产业学院建设的政策体系。

一、产业学院国家宏观政策框架

高等职业教育的改革离不开国家政策的指导与引领,产业学院的建设和发展也不例外。自2005年国务院《关于大力发展职业教育的决定》提出"大力推进工学结合,校企合作的培养模式"以来,"校企合作"逐渐成为高职院校内涵发展的重要特征之一。2006年,教育部《关于全面提高高等职业教育教学质量的若干意见》提出"探索工学交替、任务驱动、项目导向、顶岗实习等有利于增强学生能力的教学模式""要紧密联系行业企业,厂校合作,不断改善实训、实习基地条件"等。在此背景下,国内有学者借鉴英国产业大学的概念,提出"探索高职教育的产业学院办学模式"。2014年,国务院《关于加快发展现代职业教育的决定》提出"激发职业教育办学活力,探索混合所有制职业院校改革"。2015年,教育部《高等职业教育创新发展行动计划(2015—2018)》进一步提出"建设混合所有制二级学院";同年,教育部印发《关于引导部分地方普通本科高校向应用型转变的指导意见》,开启了应用型本科院校人才培养的新篇。自此,产业学院作为一种培养产业人才的有效路径在各类高校中得到了长足发展。

2017年,国务院办公厅《关于深化产教融合的若干意见》明确提出"深化引企入教改革""鼓励企业依托或联合职业院校、高等学校设立产业学院"。这是"产业学院"在国家政策文件中的首次正式出现。2019年1月,国务院《国家职业教育改革方案》强调"深化办学体制改革和育人机制改革,以促进就业和适应产业发展需求为导向,鼓励和支持社会各界特别是企业积极支持职业教育,着力培养高素质劳动者和技术技能人才""发挥企业重要办学主体作用,鼓励有条件的企业特别是大企业举办高质量职业教育,各级人民政府可按规定给予适当支持""支持和规范社会力量兴办职业教育培训,鼓励发展股份制、混合所有制等职业院校和各类职业培训机构"。同年2月,中共中央、国务院印发的《中国教育现代化2035》指出"坚定实施科教兴国战略、人才强国战略""推动职业教育与产业发展有机衔接、深度融合"。同年4月,《教育部财政部关于实施中国特色高水平高职学校和专业建设计划的意见》要求:"吸引企业联合建设产业学院和企业工作室、实验室、创新基地、实践基地。"2020年,教育部与工业和信息化部印发的《现代产业学院建设指南(试行)》,进一步明确了产业学院建设的指导思想、建设目标、建设原则、建设任务与立项遴选程序。

《现代产业学院建设指南(试行)》的颁布以及近年来产业学院的成功建设经

验，为我国提高产业竞争力和汇聚发展动能提供了有力的人才支持和智力支撑。在深化产教融合，推动高校探索产业学院的建设中，我们深刻认识到，必须坚持以习近平新时代中国特色社会主义思想为指导，贯彻全国职业教育大会精神，以立德树人为根本任务，以学生发展为中心，突破传统路径依赖，充分发挥产业优势。同时，产业学院建设须遵循育人为本、产业为要、产教融合、创新发展四个建设原则。同时聚焦以下重点建设任务：① 创新人才培养模式；② 提升专业建设质量；③ 开发校企合作课程；④ 打造实习实训基地；⑤ 建设高水平教师队伍；⑥ 搭建产学研服务平台；⑦ 完善管理体制机制。

二、产业学院相关的地方政策实施

（一）天津市产业学院相关政策

1.《关于探索现代职业教育体系建设改革新模式的实施方案》

天津是国家现代职业教育改革创新示范区，具有独特的区位、产业和教育优势。为深入贯彻习近平总书记关于职业教育工作的重要指示批示精神，落实中共中央办公厅、国务院办公厅《关于深化现代职业教育体系建设改革的意见》，教育部和天津市人民政府于2023年5月发布《关于探索现代职业教育体系建设改革新模式的实施方案》，共同探索中国现代职业教育体系建设改革新模式。

《关于探索现代职业教育体系建设改革新模式的实施方案》要求："建设高水平职业技术大学和新型产业学院。以产业升级需求为导向，进一步优化教育结构布局，整合优质职业教育资源。聚焦科技创新到技术应用全流程，支持天津大学与天津电子信息职业技术学院共建人工智能产业学院、天津理工大学与天津轻工职业技术学院共建智慧海洋能源产业学院、天津职业技术师范大学与天津市职业大学共建模具智能制造产业学院、天津中德应用技术大学与天津交通职业学院共建智能网联汽车产业学院，构建卓越工程师、现场工程师、技术人员和产业工人梯度培养体系。"

2.《天津市职业教育产教融合促进条例》

《天津市职业教育产教融合促进条例》是为了促进职业教育产教融合，推动教育、人才与产业、创新有机衔接，推进社会主义现代化大都市建设，根据《中华人民共和国职业教育法》等有关法律、行政法规，并结合天津市实际所制定的条例。经天津市第十八届人民代表大会常务委员会第七次会议审议通过，《天津市职业教育产教融合促进条例》于2024年3月1日起施行。

其中第二十条规定:"本市鼓励社会力量参与职业教育办学。企业等社会力量可以以资本、技术、管理等要素与职业学校依法合作建立实体性的二级学院、产业学院或者生产性实训基地、技能培训基地等办学机构和办学项目。"

3.《天津市职业教育条例》

为了推动职业教育高质量发展,提高劳动者素质和技术技能水平,促进就业创业,服务科教兴国、人才强国、创新驱动发展战略,支撑中国式现代化先行区、示范区建设,根据《中华人民共和国职业教育法》等有关法律、行政法规,《天津市职业教育条例》已由天津市第十四届人民代表大会常务委员会第37次会议于2007年5月23日通过,自2024年1月1日起施行。天津市成为全国第一个完成《职业教育条例》修订的省市。

其中第二十三条规定:"本市鼓励社会力量参与职业教育办学,发展混合所有制职业学校和职业培训机构。支持企业依法参与举办职业教育,支持符合产教融合发展要求的企业通过政府购买服务等多种方式参与承接职业学校办学。鼓励社会力量与职业学校采取多种形式合作举办实体性的二级学院、产业学院,通过承租、托管等方式参与职业学校运营管理,通过适当方式参与建设职业教育基础设施。"

(二)山东省产业学院相关政策

1.《办好新时代职业教育的十条意见》

山东省较早开展混合所有制办学探索。2018年山东省教育厅等11部门联合发布《办好新时代职业教育的十条意见》,文件要求"通过股份制、混合所有制、协议合作等多种形式创建职业学校,共建共管职教园区、产业学院、工程(技术)中心、传承创新平台、'双创'基地、实践基地等教学和科研机构"。

2.《关于推进职业院校混合所有制办学的指导意见(试行)》

2020年9月,山东省教育厅等14部门发布《关于推进职业院校混合所有制办学的指导意见(试行)》,该指导意见明确财政拨款、融资、税收、土地和产教融合等一系列配套政策,为山东省产业学院开展混合所有制改革提供了良好的政策基础。

3.《关于深入推动山东高等教育高质量发展的若干措施》

2022年11月,山东省委办公厅及山东省政府办公厅印发《关于深入推动山东高等教育高质量发展的若干措施》,在提升教育教学能力部分明确指出"建设100个省级现代产业学院,打造一批融人才培养、科学研究、技术创新、企业服务、学生创业等功能于一体的示范性人才培养实体""通过共同制定人才培养标准、修订专业课程,共建二级学院、产业学院、专业集群、实习实训基地,开展技术服务与转让、人员互聘、人员培训、专业联盟等多种形式,深化校企合作,提升高校人才培养能力"。

4.《关于整省推进提质培优建设职业教育创新发展高地的意见》

2020年教育部与山东省人民政府发布《关于整省推进提质培优建设职业教育创新发展高地的意见》,要求:"出台鼓励企业参与产教融合、校企合作的专门政策,支持有条件的在鲁中央企业和省属国有企业继续办好做强职业院校,推动国有企业和大型民营企业率先成为产教融合型企业。出台指导意见,鼓励支持社会力量通过独资、合资、合作等形式举办或参与举办职业院校;鼓励支持企业与学校合作办专业、办二级学院,推动开展股份制、混合所有制改革。"

(三)广东省产业学院相关政策

1.《广东省职业教育条例》

《广东省职业教育条例》经广东省第十三届人大常务委员会第三次会议于2018年5月31日通过并公布,共七章五十八条,自2018年9月1日起施行。该《条例》第四章单列一章,对校企合作进行专门规定,内容全面、具体,界定了政府、行业、企业和职业学校等多方主体的权利与义务。其中:行业组织、企业、职业学校可以依法牵头组建多元投资主体的职业教育集团或者其他形式的产教联合体。校企合作企业应当建立相应制度,可以依法享受税收优惠;成效显著的可以被认定为职业教育产教融合型的企业,依法享受更多优惠。

2.《广东省产教融合建设试点实施方案》

经广东省第十三届人大常务委员会第三次会议于2018年5月31日通过并公布,共七章五十八条,自2018年9月1日起施行。《广东省产教融合建设试点实施方案》要求:"培育产教融合型企业、行业,推动企业与高等学校、职业院校共建二级学院、产业学院,与学校在专业设置、课程开发、实训实习、招生就业等方面开展深度合作。支持省内高等学校、职业院校针对产业特色和企业需求,在产业园区内设立专业人才培训基地。鼓励行业和企业参与制定学校专业建设规划、人才培养方案和构建能力评价标准体系。"

3.《广东省技能人才发展条例》

《广东省技能人才发展条例》是全国首部关于技能人才发展的地方性法规。2024年5月30日,广东省第十四届人民代表大会常务委员会第十次会议通过《广东省技能人才发展条例》,自2024年7月1日起施行。条例结合广东实际,进一步明确了技能人才谁来培养、怎么培养,提出县级以上政府应当构建以行业企业为主体、职业学校(含技工院校)为基础、政府推动与社会支持相结合的技能人才培养体系。规定政府将对产教融合型企业给予金融、财政、土地等支持及税费优惠。

三、高职院校产业学院的评定依据

(一)建设的原则

1. 坚持育人为本

以立德树人为根本任务,以提高人才培养能力为核心,推动高职院校人才培养供给侧与产业需求侧紧密对接,培养符合产业高质量发展和创新需求的高素质技术技能人才。

2. 坚持服务产业

发挥高职院校人才集聚优势,以产业需求为导向,依托优势专业(群),建立紧密对接产业链、创新链的专业体系,构建产学研深度合作平台,提高服务产业发展能力,推动经济转型升级、培育经济发展新动能。

3. 坚持产教融合

将人才培养、教师专业发展、学生实习实训和创新创业、企业服务技术创新功能有机结合,促进产科教融合,打造集产、学、研、转、创、用于一体,互补、互利、互动、多赢的实体性校企协同育人平台。

4. 坚持创新发展

创新管理体制与运行机制,推行校企共同管理、共建专业、共设基地、共组团队、共享资源、共创成果、共育人才、共担责任。

（二）建设任务

1. 创新管理体制机制

强化多元主体协同，与合作单位(含相关企业，下同)形成共建共管的组织架构，探索理事会、管委会、专业建设委员会、校企合作委员会等治理模式并有效发挥作用，赋予产业学院改革所需的人权、事权、财权，建设科学高效、保障有力的制度体系。

2. 加强高水平专业建设

对接区域主导产业、新兴产业，培育建设一批产业急需的优势特色专业。校企共同开展专业建设，共同实施教学改革；全面推行"校企精准对接、精准育人"模式，深入开展1+X证书制度试点。学校与合作单位共同组织开发5门以上课程和5种以上教材，现代学徒制、订单培养在校生规模占比30%以上，行业企业一线兼职教师承担的专业课教学任务授课课时占学校专业课总课时的20%以上。

3. 打造高素质"双师型"教师队伍

探索行业企业高技能人才、优秀管理人才专职任教的有效路径。实施产业导师特设岗位计划，完善产业兼职教师引进与使用机制。开展校企导师联合授课、联合指导，打造高水平教学团队。依托合作单位建设教师企业实践基地，建立产业学院教师工作室(坊)，全面落实教师到企业实践和轮训制度。建设期内，20%以上的专任教师到合作单位实践锻炼，来自合作单位的兼职教师占比不低于专任教师总数的20%。

4. 校企共建实习实训和创新创业教育基地

探索"引校进企""引企驻校""校企一体"等模式，建设校企共同投入、辐射区域、服务学生培养和职工培训的综合性、开放性高水平产教融合实训基地。与合作单位共建创新创业实践教育中心或基地，共同开发创新创业课程和教学内容，共同推进创新创业训练项目的实施。

5. 搭建产学研服务平台

联合合作单位共建技术技能创新平台、专业化技术转移机构和大学科技园、科技企业孵化器、众创空间等产学研服务平台，有效支撑区域重点产业发展，服务地方中小微企业技术升级和产品研发。建设期内，非学历培训到款额文科类、理工类产业学院分别不少于10万元、20万元;横向应用技术研发项目入账经费文科类、理工类产业学院分别不少于20万元、40万元。

(三) 基本条件

以广东省为例,在广东省高等职业教育教学质量与教学改革工程项目申报中,示范性产业学院应具备如下基本条件:

(1) 学校高度重视产业学院建设,承诺负责项目建设资金的筹措和相应资源的配置等。

(2) 申请的产业学院为校级立项产业学院,并已挂牌成立且正式运行,前期基础扎实,建设成效突出。

第三节　产业学院建设的院校需求:深化产教融合

随着科技的飞速发展和产业结构的不断调整,职业教育面临着前所未有的挑战与机遇。为了适应市场需求,提高教育质量,职业院校必须不断探索新的发展路径。对于高职院校来说,只有深化产教融合,适应产业格局变化和产业发展趋势,才能保证人才培养的产业适应性。

一、构建双向流动机制,建设"双师型"队伍

产业学院作为高职院校与产业界紧密合作的产物,旨在通过整合教育资源与产业资源,培养符合市场需求的高素质应用型技术技能人才。在这一背景下,构建双向流动机制、建设"双师型"队伍,成为产业学院提升教育质量、增强服务产业能力的关键举措。通过机制创新,产业学院中的教师与企业专家能够在教学、科研、生产等多个领域自由流动,实现知识与技能的双向传递和共享。

（一）构建双向流动机制的重要性

1. 促进教育资源与产业资源的优化配置

如今大数据、人工智能技术发展日新月异，教师若一直深处高校中将难以了解产业的技术前沿。通过双向流动，教师可以深入了解产业新技术、新管理的应用情况，更新教学资源和教学方式，提高教学的针对性和实效性。同时，企业专家也能将实践经验带入课堂，丰富学生的实践经验，提升他们的就业竞争力。

2. 推动产学研用深度融合

产业学院的成立为产学研用合作提供了平台，通过双向流动机制，教师可以与企业专家共同开展科研项目，解决企业实际问题，推动技术创新和产业升级，促进科研成果向生产力的转化。

3. 提升教师队伍的整体素质

现有的高职院校教师队伍普遍专业理论水平较高，但是企业实践能力弱。通过双向流动，教师可以通过产业学院的合作企业接触到更多的行业动态，获得更多的实践机会，不断提升自己的专业技能和教学水平。同时，企业专家的加入也为教师队伍注入了新的活力和创新思维。

4. 增强学生的实践能力和创新能力

产业学院的学生会根据人才培养方案开展企业实训和实践项目，学生有机会接触到真实的产业环境和项目，通过参与实践项目和科研活动，提升自己的实践能力和创新能力。

（二）"双师型"队伍建设的实践路径

1. 建立校企合作平台

高职院校通过产业学院与行业企业建立合作关系，共同搭建校企合作平台。校企通过签订合作协议的方式，建立教师与企业专家长期双向流动的关系，实现教育资源与产业资源的共享和互补。

2. 实施教师企业实践计划

产业学院建立后，学校可以鼓励教师参加企业实践活动，如挂职锻炼、技术研发等。教师通过深入企业一线，了解产业需求和技术前沿，提升自己的实践能力和创新能力。同时，高职院校教师也可以将实践经验融入教学，提高教学的针对性和实效性。

3. 引进企业专家参与教学

产业学院中的合作企业有诸多丰富实践经验的专家,学校可以邀请他们作为兼职教师或客座教授,参与产业学院的教学和科研工作。通过企业专家开设讲座、指导实践等方式,将产业界的最新知识和技术传授给学生和教师。

4. 开展产学研用合作项目

依托产业学院,通过合作研发、技术咨询等方式,让高职院校教师与企业专家共同开展科研项目和技术创新活动,既可以解决企业实际问题,推动技术创新和产业升级;也可以将科研成果转化为教学资源,提升学生的实践能力和创新能力。

5. 完善教师培养与激励机制

学校可以制定完善的教师培养计划和激励机制,鼓励教师参加培训、进修等活动。通过设立专项基金、提供研究经费等方式,支持教师进行科研创新和实践探索。同时,通过职称评定、奖励等方式,激励教师积极参与产业学院的建设和发展。

6. 建立评价体系与反馈机制

产业学院通过"双师型"队伍建设的评价体系和反馈机制的建设,定期对教师的实践能力和教学效果进行评估和反馈。借助评价体系和反馈机制,可以收集学生、企业和同行的意见和建议,不断优化教学内容和教学方法,提高教学质量,增强教学效果。

二、搭建技术服务平台,提升院校专业技术能级

高职院校的技术服务主要面向产业企业的应用型技术服务,因此只有在行业企业与院校之间建立技术服务平台,解决产业关键技术领域的难题和困境,才能提高高职院校的办学能力。

（一）技术服务平台的重要性

1. 提高职业院校人才培养质量的重要保障

技术服务平台是高职院校与企业、行业之间沟通的桥梁，是提升院校专业技术能级的关键。通过搭建技术服务平台，职业院校可以更好地了解市场需求，掌握行业最新动态，从而有针对性地调整专业设置和教学内容，培养出更符合市场需求的高素质技术技能人才。

2. 提升职业院校科研能力与技术水平的重要途径

技术服务平台的建设，不仅有助于职业院校提升自身的科研能力和技术水平，还能够促进校企合作，实现资源共享、优势互补。企业可以通过平台获取最新的科研成果和技术支持，提高自身的竞争力；而职业院校则可以通过与企业的合作，了解行业前沿技术，提升教学质量和水平。

（二）技术服务平台的搭建策略

1. 明确平台建设目标

在搭建技术服务平台之前，职业院校需要明确自身的定位和发展目标。平台的建设应紧密围绕高职院校的专业特色和面向行业需求，注重实用性和前瞻性。同时，还要考虑平台的可扩展性和可持续性，确保平台能够长期为院校和企业提供服务。

2. 加强校企合作

校企合作是技术服务平台建设的重要组成部分。依托技术服务平台，职业院校应积极与企业建立合作关系，共同制定人才培养方案、开展科研项目、建设实训基地等。通过深度合作，实现资源共享、优势互补，推动院校和企业的共同发展。

在校企合作过程中，职业院校应注重与企业的沟通和协调，了解企业的需求和期望，确保合作项目的顺利实施。同时，还要加强对学生的实践能力和创新能力的培养，提高学生的综合素质和就业竞争力。

3. 引进和培育高水平人才

技术服务平台的建设需要高水平的人才支撑。高职院校应积极引进和培育具有丰富实践经验和创新能力的教师和技术人员，为平台的建设和发展提供有力的人才保障。

在引进人才方面,高职院校可以通过与高校、科研机构等合作,吸引优秀人才加盟。同时,还可以通过设立奖学金、提供研究经费等方式,鼓励优秀学生留校工作或继续深造。

在培育人才方面,职业院校应注重教师的实践能力和创新能力的培养。通过组织教师参加培训、进修、学术交流等活动,提高教师的专业素养和教学水平。同时,还可以鼓励教师参与科研项目和实践活动,积累实践经验和创新成果。

4. 完善平台管理制度

技术服务平台的建设和管理需要完善的管理制度保障。职业院校应建立健全平台管理制度,明确平台的职责、任务、运作流程等,确保平台的正常运行和高效服务。

在管理制度方面,职业院校应注重平台的开放性和共享性。通过制定合理的资源分配机制、激励机制和考核机制等,激发教师和学生的积极性和创造力。同时,还要加强对平台运行情况的监督和评估,及时发现和解决问题,确保平台的持续发展和改进。

三、实现互惠互利共赢,促进校企双元同发展

通过校企深度合作建设产业学院,可以优化教育资源与产业资源的配置,共同培养符合市场需求的高素质技术技能人才。这一模式不仅有助于提升学生的就业竞争力和创新能力,还能促进企业的技术创新和产业升级,实现教育与产业的双赢。

(一) 校企互惠互利共赢的重要性

对于产业学院来说,只有校企双方都能在合作中互利互惠互赢,才能保障双方长期合作。如果只有单方面的获益,则这种合作不能长久。因此,首先要了解校企协同的重要性。

1. 资源共享与优势互补

校企合作使教育资源与产业资源结合,高校提供人才、科研设备,企业带来市场需求和资金,实现资源共享和优势互补,推动技术创新和产业升级。

2. 人才培养与就业对接

企业参与制定人才培养方案，学生提前接触实际工作，增强实践能力，提高就业竞争力，同时为企业输送高素质人才。

3. 促进科研成果转化

校企合作加速科研成果商业化，提升企业核心竞争力，推动行业科技进步。

4. 提升品牌影响力

企业通过与高校合作，借助高校品牌效应提升自身形象，吸引更多优秀人才和合作伙伴。

（二）校企互惠互利共赢的实现路径

1. 资源共享与优势互补

在产业学院的运营中，校企双方应充分利用各自优势资源，实现资源共享和优势互补。例如，学校拥有充足的教学场地、师资力量、科研设备等资源，可以为企业提供人才培训和技术支持；而企业拥有实习实训岗位、市场信息和资金支持，可以利用人力或资金参与学校的人才培养和科研活动。通过资源共享，可以降低双方的运营成本，提高资源利用效率，实现共赢发展。

2. 共同培养高素质人才

产业学院的人才培养方案是由校企双方应共同制定的，企业将一线的实际需求融入教学内容和课程体系中，确保人才培养的针对性和实用性。高职院校通过校企合作，可以安排学生走访企业或参与实习实训，了解行业动态和市场需求，增强实践能力和就业竞争力；同时，企业也可以在学生一入校就选拔到优秀的人才，通过长期的培养渗透企业文化和技术培训，为企业的持续发展提供更优质的人才保障。

3. 推动科研成果转化与产业升级

产业学院应成为科研成果转化和产业升级的重要平台。校企双方可以依托产业"卡脖子"技术共同开展科研项目攻关，推动技术创新和产品研发。学校可以利用其团队和场地的科研优势，为企业提供技术支持和解决方案；企业则可以将科研成果转化为实际生产力，推动产业升级和经济发展。通过科研成果的转化和应用，可以实现教育与产业的深度融合，促进双方共同发展。

4. 建立长效合作机制与激励机制

为了确保校企合作的持续性和稳定性，产业学院应通过政策制度建设建立长效合作机制和激励机制。双方可以签订合作协议，明确合作内容、方式和期限，确保合作的规范化和制度化。同时，应建立激励机制，对在合作中表现突出的个人和团队给予奖励和表彰，激发双方的积极性和创造性。通过长效合作机制和激励机制的建立，可以保障校企合作的顺利进行，实现双方的共赢发展。

第四节　产业学院建设的社会需求：储备技术人才

产业学院的建设旨在满足社会对多层次人才的需求，推动产业升级和产教融合，是职业教育与产业发展相结合的重要举措，对于提升职业教育服务产业发展的能力具有重要意义。

一、培养创新人才，优化人力资源结构

创新人才往往具备敏锐的市场洞察力、强烈的创新意识、扎实的专业知识以及良好的团队协作能力，能够在复杂多变的环境中发现问题、解决问题，并创造出新的价值。他们是推动科技进步、产业升级和社会发展的关键因素。因此，教育界和产业界都非常关注创新人才的培养。

（一）产业学院在培养创新人才方面的优势

产业学院通过深度开展校企合作，将教育资源与产业资源紧密结合，为创新人才的培养提供了得天独厚的条件，具体可以包括以下几点：

1. 实践导向的教学模式

产业学院依托产业需求设计课程体系，注重理论与实践相结合，通过项目式学习、案例教学、实习实训等方式，让学生在解决实际问题的过程中锻炼创新思维和实践能力。

2. 跨学科的知识体系

产业学院根据产业发展需求，不拘泥于某一专业的知识体系，而是基于产业需求构建跨学科的知识体系，例如汽车产业学院可以在汽车设计、零部件和整车制造、汽车营销等领域组建专业群课程体系。产业学院的学生通过跨学科学习，可以培养自身综合运用多学科知识解决复杂问题的能力。

3. 产学研用一体化

产业学院鼓励师生参与企业的研发项目，一方面，企业可以将高职院校师生开发的科研成果转化为实际生产力；另一方面，应用型项目研究可以让学生在实践中学习新知识、新技术，增强创新意识和创新能力。

4. 企业导师制度

产业学院邀请企业专家担任导师，为学生提供行业指导、职业规划等支持，帮助学生更好地了解行业动态和市场需求，提升就业竞争力。

二、整合产业资源，促进区域经济发展

产业学院作为一种创新的教育模式，通过深度整合产业资源，不仅为区域经济发展提供了强有力的人才支撑，还促进了产业升级和技术创新，成为推动区域经济发展的新引擎。

（一）产业学院的建设对区域经济发展的重要性

1. 推动产业升级和技术创新

产业学院积极参与企业的技术研发和产业升级，推动区域经济的产业升级和技术创新。学校与企业共同开展科研项目攻关，解决企业面临的技术难题和瓶颈问题。通过产学研用一体化平台，学校将科研成果转化为实际生产力，推动企业的技术创新和产品升级。这不仅提高了企业的竞争力，还促进了区域经济的持续增长。

2. 促进区域经济的多元化发展

产业学院通过整合不同产业的资源，促进区域经济的多元化发展。学校根据区域经济的特色和优势，设置多个与产业紧密相关的专业方向，培养具备不同

产业背景和技能的人才。这些人才在毕业后能够服务于不同的产业领域,推动区域经济的多元化发展和产业结构的优化升级。

3. 提升区域经济的整体竞争力

产业学院通过深度整合产业资源,提升区域经济的整体竞争力。学校与企业共同开展人才培养、科研创新和技术服务等活动,形成产学研用紧密结合的协同创新体系。这不仅提高了学校的教学和科研水平,还增强了企业的技术创新能力和市场竞争力。同时,产业学院还通过引进高端人才和先进技术,推动区域经济的创新发展和高质量发展。

(二)产业学院整合产业资源的主要途径

产业学院整合产业资源的主要途径包括深化校企合作、构建利益共同体、增强适应性与服务性以及创新人才培养模式等。

1. 深化校企合作,构建命运共同体

校企合作是产业学院整合产业资源的基础和核心。校企双方应共同规划专业设置、制定人才培养方案,确保教学内容与产业需求紧密对接。在此基础上,校企双方还应共建实习就业基地,为学生提供实践锻炼的机会。通过参与企业的真实项目,学生可以更好地将理论知识与实践相结合,提升解决实际问题的能力。同时,企业也可以借此机会选拔优秀人才,实现人才储备和梯队建设。

2. 构建利益共同体,实现资源共享

产业学院整合产业资源的另一个重要途径是构建利益共同体。这要求高职院校、政府、行业、企业等多方主体共同参与,形成资源共享、优势互补的良性循环。在这个过程中,产业学院可以采用混合所有制形式,吸引行业、企业等社会资本投入,共同建设实训基地、研发中心等平台,推动产学研用深度融合。

3. 增强适应性与服务性,促进产教融合

通过加强与行业协会、企业联盟等组织的合作,产业学院可以及时了解行业动态和人才需求,为人才培养提供有力的支撑。同时,产业学院还应积极发挥自身优势,为当地企业提供技术支持和咨询服务。通过与企业合作开展技术研发、产品创新等活动,产业学院可以推动科技成果的转化和应用,促进产业升级和转型发展。这不仅可以提升产业学院的知名度和影响力,还可以为区域经济发展注入新的活力。

4. 创新人才培养模式，提升教育质量

产业学院整合产业资源的最终目的是提升人才培养质量。为了实现这一目标，产业学院需要不断创新人才培养模式，探索符合产业发展需求的教育路径。例如，可以采用工学交替、订单式培养等模式，使学生能够在学习过程中接触到更多的实践机会和真实项目；还可以引入企业导师制度，让学生在学习过程中得到来自企业一线专家的指导和帮助。此外，产业学院还应注重培养学生的创新能力和实践能力。通过开设创新创业课程、举办创新创业大赛等活动，激发学生的创新意识和创业精神，以此有效提升学生的综合素质和就业竞争力，为产业发展提供有力的人才支撑。

三、共享创新成果，提高企业经济效益

企业最关注的是经济效益，高职院校如果想要与企业建立长期稳定的关系，必然要关注企业经济效益的增长。高职院校通过产业学院的建设，推进校企共享创新成果，不仅促进了教育链、人才链与产业链、创新链的有效衔接，更为企业经济效益的提升开辟了新的路径。

（一）产业学院提升企业经济效益的重要性

依托校企合作获取的创新成果，产业学院在提升企业经济效益方面主要有助力企业技术创新、优化企业人才结构、降低企业研发成本和增强企业市场竞争力等方面。

1. 助力企业技术创新

当前企业的市场竞争非常激烈，技术创新成为企业在竞争中取胜的重要保障。企业通过产业学院与高职院校合作开发技术成果，推动技术创新和成果转化，直接应用于企业生产，提高产品质量和生产效率。

2. 优化企业人才结构

产业学院围绕新技术、新设备的应用可以定制化培养高素质技术技能人才，为企业提供稳定的人才供给，同时提供智力支持，让专家学者深入一线指导技术工人操作，解决技术难题。

3. 降低企业研发成本

产业学院一般拥有母体高职院校较为丰富的科研和实训资源，通过资源共享，企业也可以利用学院的科研设施和人才资源，这样就减少了企业的研发投入，避免资源重复建设。

4. 增强企业市场竞争力

产业学院的合作有助于提升企业的品牌形象，拓宽市场空间，从而增强企业的市场竞争力。

（二）产业学院的创新成果对企业提升经济效益的途径

产业学院作为知识创新和技术研发的重要平台，能够汇聚校企双方的智慧和资源，共同开展前沿技术的探索和应用研究。产业学院的研究成果多为创新成果，是提升企业经济效益的重要催化剂。

1. 技术创新与成果转化

产业学院通过校企合作项目，联合组建实验室、技术研发中心等形式，让校企双方可以针对行业共性问题或企业特定需求，进行联合攻关，形成一批具有自主知识产权的核心技术和产品。这些创新成果不仅可以直接应用于企业生产，提高产品质量和生产效率，还可以通过专利转让、技术许可等方式，为企业带来直接的经济效益。

2. 人才培养与智力支持

产业学院通过校企联合培养、工学交替、实习实训等方式，让学生可以更早地接触行业前沿技术和企业实际运营，缩短从学校到职场的过渡期。同时，学院还可以根据企业需求，定制化培养高技能人才，为企业提供稳定的人才供给。另外，学院的专家学者还可以作为企业顾问，为企业提供战略咨询、技术难题解决等智力支持，助力企业转型升级。

3. 资源共享与成本降低

产业学院通过整合校企双方的资源，如实验室、仪器设备、数据资源等，实现资源的共享和高效利用。这不仅可以减少企业的研发投入成本，还可以避免资源的重复建设和浪费。例如，企业可以利用学院的科研设施进行产品测试、原型开发等工作，而学院则可以利用企业的生产环境进行实践教学，实现双赢。

4. 品牌效应与市场拓展

产业学院的建立,往往伴随着校企双方品牌的联合推广。学院可以借助企业的行业影响力和市场渠道,提升自身的知名度和影响力,吸引更多优质生源和师资;而企业则可以通过与知名高校的合作,提升自身的品牌形象,增强消费者信任,拓宽市场空间。这种具有品牌效应的合作,有助于双方在各自领域内获得更大的竞争优势。

高职产业学院建设的"五然"研究与实践探索

第二章

产业学院研究的应然

⊙ 产业学院的国际比较研究
⊙ 国内产业学院研究总体进程
⊙ 产业学院研究体系

第一节 产业学院的国际比较研究

由于各国的历史发展和国情不同,各国拥有不同的职业教育模式。对于我国来说,职业教育模式的建设不仅仅要借鉴发达国家的有益经验,还要将这些经验本土化,使之符合我国具体国情,逐步形成具有中国特色的职业教育发展模式。本节将讨论产业学院的国际比较研究,论述各国职业教育人才培养模式,并从国际经验中总结对我国产业学院发展建设的启示。

一、国际职业教育人才培养模式比较

职业教育是现代教育的重要组成部分,对职业教育人才的培养是工业化、现代化和生产社会化提出的必然要求。人才培养模式是指学校为实现其培养目标而采取的培养过程的构造方式和运行方式。国外职业教育体系的建设起步较早,在职业教育人才培养模式上各有千秋,且积累了不少经验。从国际职业教育技术的发展历程中看,一些发达国家在二战后能够迅速实现经济的恢复发展,其中一个很重要的原因是他们重视职业教育并建立了相对完善的职业教育人才培养体系,及形成了成熟的职业教育人才培养范式。以下将重点讨论国外几种比较有特色的职业教育人才培养模式,分别为德国"双元制"模式、美国 P-TECH 模式、加拿大 CBE 模式、澳大利亚 TAFE 模式、日本"产学官"模式及新加坡"教学工厂模式"。

(一)德国"双元制"模式

德国的国家核心竞争力依赖于"实体经济+职业教育",其"双元制"职业教育体系为国家培养了大量的技术型人才。所谓"双元制",指的是私人办的企业为"一元",国家办的学校为"另一元","双元"合作办学共同培养技能型人才的职业教育人才培养模式。[1]

---

[1] 姜大源.德国"双元制"职业教育再解读[J].中国职业技术教育,2013(33):5-14.

德国"双元制"模式起源于中世纪手工行业行会的学徒制，也即"师傅带徒弟"的传统职业教育方式。传统学徒制的培训注重感性经验的传授，教育方式个体化，且教育在生产过程中进行。德国手工业行会对学徒制作出了一系列明确的规定，包括对师傅带徒弟的培训形式、对新学徒的要求、对师傅的要求以及学徒期的长短和学徒期满考试等方面[①]，这无疑为"双元制"模式奠定了传统基础。除此之外，德国还注重实科教育，早在18世纪初，德国便出现了第一所实科中学，即泽姆勒创办的"数学和机械实科中学"，此后，各类实科学校，如农业学院、林业学院、建筑学院等陆续建立。德国实科教育的发展带来了学生的分流，全国上下一致注重教育实用化和技能的提高也坚定了学生们选择职业教育的决心，并为"双元制"的兴起奠定了职业学校的基础。[②]

二战后，面对德国经济及社会发展需求，"双元制"教育为德国培养了大量的高质量技术工人，为其经济腾飞提供了人才条件，"双元制"也因此更加受到政府的支持和重视。1948年，德国教育委员会在《对历史和现今的职业培训和职业学校教育的鉴定》中提出"双元制"称谓，标志着"双元制"职业教育模式的正式形成。1969年《联邦职业技术教育法》颁布，确立了"双元制"职业教育的法律地位。

"双元制"模式本质上是一种工读交替的学习培训制度，其核心在于在教育培训中将职业院校的理论教学与企业实践紧密结合，突出对职业能力的培养。[③]在"双元制"人才培养模式下，学校和企业作为两条主线，学生的职业教育在这两条主线上同时进行。以面向企业、面向产业为原则，由经济界参与培训过程，以企业培训为主，按企业对人才的需求进行教学组织和岗位培训。[④]

从社会经济层面来说，德国"双元制"模式降低了德国年轻人的失业率，为德国培养了大量的高质量技术工人，是"德国制造"的人才保障。从企业层面来说，"双元制"教育降低了职业入门的时间和成本，为企业作出了一定的生产贡献。从学生个体层面来说，"双元制"教育增加了学生的就业机会，使年轻人实现了从学校到就业的平稳过渡。

---

① 易峥英. 德国"双元制"校企合作的成功因素及其对我国的启示[J]. 职业技术教育，2006,27(17):98-100.

② 魏晓锋，张敏珠，顾月琴. 德国"双元制"职业教育模式的特点及启示[J]. 国家教育行政学院学报，2010(1):92-95,83.

③ 夏成满. 德国"双元制"职业教育制度及其启示[J]. 江苏高教，2005(1):24-27.

④ 韦家础. 职业教育的国内外培养模式比较及走向国际化[J]. 天津航海，2008(2):67-70.

（二）美国P-TECH模式

美国P-TECH模式是美国一项教育实验和创新项目，全称为"Pathways in Technology Early College High School"，我国学者又将其称为"职业技术学院高中预备学校"或"技术学院预科高中"。

21世纪以来，美国教育体系尤其是职业教育体系在对具备高中以上学历的高技能型人才的培养上显得不足，尤其在制造业回归、技能出现危机的经济和社会背景下，许多企业缺乏满足工作岗位要求的技能型人才，人才市场上供需关系失衡，最终导致美国社会的失业危机。在此背景下，美国职业教育急需改革，P-TECH模式应运而生。2011年9月，美国商业、科技巨头IBM联合美国纽约市教育厅、纽约城市大学在纽约布鲁克林实施了P-TECH模式。P-TECH模式以向科技、数学、工业等领域输送中等层次技能人才为目标，将一贯制高中、应用科学副学士学位、寓学于工等育人模式元素有机融合，形成高中教育与高等职业教育一体化的六年制全新办学模式。[①]

P-TECH模式是集高中、社区学院和职业培训中心三者为一体的新型职业教育模式。[②]该模式较好地把中学、大学、职场三者结合起来，进行"三位一体"的教学，解决了高中与社区学院、四年制普通高校的衔接问题。[③]在该模式下，学生在六年时间里既收获了高中文凭和副学士学位，又拥有了在行业里进行深度学习的机会。毕业后，学生们可以根据自身情况选择进入普通大学深造或是进入职场工作。

此外，P-TECH模式采用定制式的培养模式，根据学生个人的特点和学习进度的差异，为学生定制个性化的学习计划，因此有些学生完成所有课程的时间可能最快只需要三年，这也极大缩短了人才培养的年限。[④]职业指导是该模式的关键，在P-TECH模式下，每位学生都会被分配一位职业企业指导师，为学生从九年级至毕业整个阶段提供个性化指导，指导频率一般为每月一次，该举措的实施

---

① 宋凯璇，于蒙蒙，庞世俊. 美国P-TECH培养模式的创新及启示[J]. 职业教育研究，2019(12):87-91.

② 王辉，刘冬. 美国应用型人才培养的"首席品牌"："一贯制科技高中"办学模式之述评[J]. 比较教育研究，2014,36(8):57-62.

③ 姜欢，周俊华. 美国P-TECH创新模式研究及启示：技能型社会建设背景下职业教育的国际视角[J]. 中国职业技术教育，2022(3):70-76.

④ 宋凯璇，于蒙蒙. 美国P-TECH人才培养模式的发展及特点[J]. 教育导刊，2019(9):84-90.

为学生提供了更加接近工作场域的学习体验。

P-TECH模式,成功实现了普通教育与职业教育的融合,实现了高中与大学、大学与职业之间的无缝衔接。

(三) 加拿大CBE模式

加拿大的职业教育是以全民教育和社区教育为特色的社区学院教育,其经典的职业教育模式是CBE模式,全称为"Competency Based Education",即"以能力为基础的教育"。第二次世界大战后,美国休斯敦大学著名心理学家布鲁姆为满足美国社会对各类从业人员培训要求紧、技能要求高的需求,以"掌握性学习""反馈教学原则""目标分类理论"为依据,开发出该职业教育模式。①

CBE模式以职业能力的获得作为开展教育的基础、培养目标和评价标准,其课程体系以岗位职责和要求为出发点,采取有效的教学方法和步骤,使学生在知识、能力和素质三方面和社区职业岗位应具备的综合能力协调一致,实现理论和实践的统一。②CBE模式所强调的能力是一种综合职业能力,是以胜任岗位要求为出发点,涉及与本职业相关的知识领域、动机情感领域、活动领域和评价评估领域的一种综合能力,③包括知识(与岗位紧密相关的理论知识和新技术)、技能(完成岗位所需的操作和解决问题的能力)和态度(职业道德标准和行为规范)④。

以职业能力为本位的CBE模式,强调学生在学习过程中的主体作用,学生应当自主学习和自我评价,教师起示范和指导的作用,为学生的学习提供相应的资源。⑤CBE模式采取更为多样和综合的教学方式,该模式下培养的学生不仅要具备一般的职业能力,还要在职业生涯中通过自主学习掌握更高层次的职业能力,也即贯彻落实终身学习的理念。

CBE教学模式分为以下四个阶段:职业分析形成DACUM图表、教学开发、教学实施与管理、教学评价。首先由有代表性的、实践经验丰富的企业专家组成

---

① 汪洋,肖晗予. CBE模式及其对我国职业教育的启示[J]. 文教资料,2010(7):112-113.

② 卢竹. 加拿大社区学院CBE模式与OBE模式的比较研究[J]. 职教通讯,2014(15):75-77.

③ 陈田,白杨. 加拿大职业教育CBE模式对我国职业教育的启示[J]. 产业与科技论坛,2017,16(21):141-142.

④ 刘承伟. 构建现代职业教育的新形式:介绍CBE模式[J]. 北京成人教育,2001(8):25-26.

⑤ 卢竹. 加拿大社区学院CBE模式与OBE模式的比较研究[J]. 职教通讯,2014(15):75-77.

顾问委员会,分析受教育者可能从事的岗位、相关岗位工作任务和职责,据此制定DACUM图表,也即专业培养的目标。在确定好DACUM表以后,顾问委员结合学院各种教学条件进行课程开发,组织教育内容,形成教学任务表,学院的教师和学生明确按照该任务表实施"教"与"学"。最后,考核学生是否掌握了相关的能力,对学生进行全面的评估。

通过CBE教育,受教育者能够完全具备从事某种职业的能力,从而适应各经济组织和团体的不同岗位工作,推动地区经济的发展。[①]同时,CBE的人才培养模式具有灵活性,其培养目标、教学计划、课程开发、教学管理等内容能够根据地方经济的发展及时作出调整,以适应不同岗位对职业能力要求的变化。

(四)澳大利亚TAFE模式

澳大利亚TAFE模式是"Technical and Further Education"的简称,即技术与继续教育。澳大利亚职业教育与培训可以追溯到第二次工业革命,学校和行业协会为了适应产业结构调整对劳动力提出的新要求而进行技术教育。20世纪70年代,澳大利亚产业结构经历了大调整,金融业、制造业开始崭露头角,在经济发展过程中新产业的出现对劳动力提出了新的技术要求,澳大利亚政府也意识到了对社会工人进行职业教育与培训的重要性。1973年,澳大利亚成立技术与教育委员会(Committee of Technical and Further Education),并将政府支持下的各类职业教育与培训机构正式命名为"技术与继续教育"(TAFE)。[②]经过近半个世纪的发展,TAFE模式已经成为澳大利亚教育体系当中的重要支柱,也成了国际职业教育体系当中较为典型的人才培养模式。

TAFE模式采用VET系统进行职业教育培训。澳大利亚政府与行业共同建立了在国家培训框架下的以能力为基础的、以培训包为课程开发的职业教育与培训体系,即VET系统。该系统课程分类广泛、培训方式灵活,其资格证书采取全国统一标准,对行业因经济发展或产业结构调整发生的对岗位职业要求的变化,能够通过最新的培训计划反映出来。[③]

澳大利亚TAFE模式的主要特点集中在以下几个方面:第一,政府主导,企

---

① 林海林.加拿大CBE模式及其借鉴性思考[J].焦作大学学报,1999(3):57-60.
② 任梦,蔡晓棠,槐福乐.澳大利亚TAFE发展历程、特点及启示[J].职教通讯,2021(1):122-127.
③ 胡邦曜.澳大利亚的职业教育与培训:赴澳大利亚TAFE考察报告[J].中国职业技术教育,2001(10):57-58.

业、行业、社会广泛参与办学。①行业不仅主导参与职业教育和培训的宏观决策，还广泛参与学院办学过程、对学院教学进行质量评估。②第二，学制灵活，办学方式多样化。③为了满足学生的个性化培训需求，TAFE模式采用了"一所学校，多种学制"的方法，其学制长短可以根据学生个体能力和学习时间自主进行调整。其课程教学方法和内容也具有灵活性，注重学生实践能力的提高。第三，基于证书制度的纵向衔接机制和基于课程融通的横向沟通机制。④澳大利亚建立了一套完整的国家学历资格框架(AQF)，设定了文凭、资格证书、学位之间沟通和衔接的具体标准，以此实现了普通教育、职业教育、高等教育之间的贯通。并且，TAFE的专业课程与普通大学的专业课程建立了学分互认的联系，实现了TAFE学院与大学之间的课程融通。

总结而言，TAFE模式是在国家框架体系下以产业为推动力量的，政府、行业与学校相结合的，以学生为中心进行灵活办学的，与中学和大学进行有效衔接的，相对独立的、多层次的综合性职业教育培训体系。⑤

（五）日本"产学官"模式

日本职业教育人才培养的特点是政府深度参与，形成了独特的"产学官"为一体的产教融合模式。"产学官"模式指通过大学等教育研究机构和产业界的合作，政府及地方公共团体提供制度及预算财政支持，达到研究开发新技术及创新产业的目的。⑥在这个模式中可以看到三个主体之间的合作，"产"代表的是行业协会和地方财团所在的产业，"学"代表的是学校为代表的公共机构，"官"则指的是制定计划和给予指导意见的政府机构。⑦

---

① 李训贵.澳大利亚TAFE学院办学模式及对我国高职教育的启示[J].教育与职业,2008(17):25-27.

② 汪卫芳.浅谈澳洲TAFE模式对我国高职教育的启示[J].职业圈,2007(3):103-105.

③ 陈智强.澳大利亚TAFE模式及其对我国高职教育的启示[J].教育与职业,2011(36):90-91.

④ 张海宁.澳大利亚南澳洲TAFE教育模式的运行机制[J].中国职业技术教育,2018(28):76-80.

⑤ 于雷.澳大利亚TAFE办学模式及其借鉴[J].辽宁高职学报,2001(1):19-24.

⑥ 李博.基于"产学官合作"的日本实践型高职教育模式[J].教育与职业,2017(13):104-109.

⑦ 沈雕,胡幻.以"产学官"合作为代表的日本现代学徒制研究[J].职教论坛,2018(9):171-176.

20世纪80年代以前,"产学官"合作主要以产学合作为主,但随着日本政府进一步介入和行政体制改革,以政府为主导进行合作的特点越来越突出。1995年,日本制定了《科学技术基本法》,意味着科学技术成为资源稀缺的日本发展的重要依靠。而"产学官"模式是日本"科技立国"政策下的重要举措,在政府的主导下,利用科研队伍的科研创新能力和企业的经济实力不断研发科技新产品。

日本文部科学省提出了"产学官"合作模式的几种经典类型:一是研究层面,企业和大学共同研究或企业委托研究;二是教育层面,大学在企业开展实习,共同制定相关教育计划;三是技术层面,大学的研究成果通过技术转移机构向企业转移;四是咨询层面,基于兼职制度的技术指导等研究者的咨询活动;五是创业层面,基于大学研究成果和人力资源的创业活动。[1]

日本"产学官"合作模式的特征包括以下几个方面:合作研究开发具有市场潜力而企业没有开发的新产品,以最新技术和基础研究为核心;企业与大学之间以合作研究为主;在政府的主导下,组织间的信任程度和依赖程度较高。[2]

"产学官"模式中,政府、大学、市场三者之间各司其职、各取所需。日本政府进行政策支持和指导,期望通过大学的科研能力带动社会的科技创新发展;大学则通过政府提供的政策条件和信息、人才、业务及资金支持,进一步提升大学的科研实力和社会影响力;企业则在其中进行衔接合作,实现大学科研成果向实际的转化。在"产学官"合作的背景下,大学、企业和研究机构的合作逐步加强,基础科学研究和技术科学研究取得重大突破,不仅使日本高校竞争力稳步提升,也使日本高新技术产业走在世界前列。[3]

(六)新加坡"教学工厂"模式

新加坡的"教学工厂"模式是新加坡南洋理工学院为了顺应市场对学生实践能力的要求,使大专院校毕业生更快适应工作岗位需求,在借鉴德国"双元制"模式后推出的一种新的产教融合和教学育人模式。这种模式将先进的教学设备、真实的企业环境引入学校并与学校教学有效结合,实现学校、培训中心、企业三位一体。[4]通过让学生参与企业委托的工业项目或科研项目,使学生能按照企业

---

[1] 陈劲,张学文.日本型产学官合作创新研究:历史、模式、战略与制度的多元化视角[J].科学学研究,2008(4):880-886,792.

[2] 闫瑞军.日本产学官合作创新模式对中国自主创新的启示[J].消费导刊,2009(21):45-46.

[3] 刘大卫,周辉.中外高校产教融合模式比较研究[J].人民论坛,2022(3):110-112.

[4] 白彦婷.新加坡"教学工厂"的经验与启示[J].职业教育研究,2007(12):177-179.

运行的特点将所学的知识应用于多元化的、多层次的实际工作环境中。[1]这种模式的核心理念是以"学院为本位",依托深厚企业背景和良好的社会环境氛围,将学校学习、企业实习、企业项目之间有机结合,提供给学生真实、有效的学习和实践的环境,提升学生的职业素质和岗位适应能力。

"教学工厂"模式的特色体现在以下三个方面:一是在课程体系开发模式中,企业、学校、教师、学生及家长的高度参与性;二是课程教学模式,课堂环境具有高度仿真性,课程内容具有灵活性;三是学生的学习模式,强调学生的自主学习与创新。[2]在"教学工厂"模式下,学院实行"双轨制"课程结构设置,将每一学年的学科分成两个独立的学科组合,两组学生的学习同时进行,并在一学期后交换学科组合。[3]这样的设置可以最大限度地运用教学设备,并保障每年都有学生和教师在企业作项目开发和实习,提升企业合作的积极性。

与企业的合作贯穿新加坡"教学工厂"理念的形成过程,企业项目和研发是教学工厂中不可缺少的部分。在"教学工厂"理念指导下,新加坡南洋理工学院坚持教学设备与企业接轨、师资队伍素质与企业接轨、课程体系与教学模式与企业接轨,为学生提供实际工作和实践体验的平台,保证教学内容满足未来学生就业的岗位需求,并在这一过程中促进了教师能力的多元化,推进终身学习的理念。[4]

"教学工厂"模式是贯彻产教融合的有力载体,其精髓在于"产"和"学"紧密结合,教学和工厂融为一体,在校内实现理论教学和实践教学的有机结合,使学生能够通过生产过程学习到知识和技能。

从上述各国较为典型的职业教育人才培养模式中可以看出,虽在具体实施的课程模式和培养途径上有所差别,但他们在培养职业人才时都以市场需求为导向且重视职业能力的打造。[5]各国都在社会经济发展转型背景下基于对技能人才的需求而进行职业教育培训体系的建立和改造,并立足于工作岗位对职业能力的相关要求打造相应课程体系。上述几种人才培养模式都蕴含着"以能力

---

[1] 毛才盛. 新加坡"教学工厂"的育人特色及对我国的启示[J]. 宁波职业技术学院学报,2006(6):55-56,67.

[2] 徐秀维. 解读新加坡"教学工厂"模式与我国"工学结合"模式[J]. 中国成人教育,2010(4):17-18.

[3] 王聪,唐玲. 新加坡南洋理工学院"教学工厂"模式对我国高等职业教育的启示[J]. 牡丹江师范学院学报(自然科学版),2013(1):65-66.

[4] 白彦婷. 新加坡"教学工厂"的经验与启示[J]. 职业教育研究,2007(12):177-179.

[5] 韦家础. 职业教育的国内外培养模式比较及走向国际化[J]. 天津航海,2008(2):67-70.

为本位"的核心职业教育培养思想,以有针对性地解决学生职业能力提高等问题。

二、国际经验对我国产业学院发展模式改革的启示

从上述各国家的职业教育人才培养模式的特点来看,这些发达国家的职业教育都非常重视教学中的实践环节,注重学生的职业能力与市场需求之间的匹配程度。如德国"双元制",学生的学习主要在企业内完成,而非学校,这样的育人模式使得学生们在毕业后能够更快地适应工作岗位,更好地实现从学校到工作场域的过渡。因此,从发达国家的职业教育模式当中,可以总结一些对我国产业学院发展模式的有益经验,进一步深化我国产教融合,推动我国职业教育的发展。

(一)政府加强宏观调控

政府需发挥在职业教育中的统筹导向作用,多措并举促进职业教育持续健康发展。从立法政策层面和经济层面进一步加大对职业教育的支持与资金投入。纵观发达国家的职业教育,都有完备的法律支持,如德国的《职业教育法》《职业促进法》,美国的《柏金斯职业应用技术教育法》,日本的《学校教育法》,等等。这些法律都是其职业教育发展的前提条件。在完善的法律法规的支持下,职业教育的开展才有章可循、有法可依。因此,我国要基于现阶段的现实经验,根据社会需求的变化及时调整相应的职业教育法律政策,并需针对现阶段我国产教融合的重要载体——产业学院,出台更为详尽的法律政策,进一步规范产业学院的发展。在相关法律政策的支持下,政府可以进一步加大对职业教育的财政投入,鼓励企业和学校之间加强合作。为完善职业教育法律体系,各地方政府也应当围绕2022年4月新修订的《职业教育法》建立相关配套的地方性法规,以贯彻落实好《职业教育法》的相关要求。

(二)夯实高校主导的产教融合平台

各相关主体应基于产教融合平台建立校企之间的长效合作关系和利益共享机制,从上述发达国家的经验中,可以看到他们的共性在于重视企业和学校之间的合作,强调学生不仅仅应在学校学习理论知识,还应深入工厂和企业,在实际情境中提高动手操作和实践能力。产业学院是现阶段我国高校产教融合的重要

载体,要进一步发挥好产业学院的作用,实现校企之间的长期有效合作,需要高校充分利用自身人才、技术、设备优势,组织教师和企业合作进行技术研发,将科研成果转化为工艺技能,与企业实现资源和利益的共享;企业也应当承担相应的社会责任,分享自身资源协助高校进行人才培养。而上述目标的实现,均离不开利益共享机制的建设与维护。

(三)提高人才培养的适应性

发达国家的职业教育模式,其学制比较灵活,且较为个性化,能够根据学生对知识和技能的掌握进行一定程度的调整,其课程设置也具有以市场需求为导向的特征。因此,在制度层面上,我国在产业学院内部可以采取更为灵活的学制,实行工读交替和全日制职业教育相结合的职业教育制度。在专业设置上,要具备前瞻性并适应区域经济的发展。学校的专业设置和产业学院的建立都必须在充分调查了解区域经济发展情况的基础上,不断评估市场的需求,使得对学生的相关培训具有专业性和针对性,为区域经济发展服务。在课程设置和教学环节上,可更加突出对学生职业能力的培养,改革课程结构和培训方法,做到课程内容以解决问题为中心而非以学科的理论体系为中心。

(四)完善"双师型"教师队伍的构建机制

校企双主体联动互建,完善"双师型"教师队伍的构建机制。教师是职业教育成功与否的关键。许多发达国家的职业教育体制,不仅要求教师具有扎实的理论体系,还要求他们拥有娴熟的实践操作技能。如德国的职业教育有一套成熟的培训模式和任职资格制度,能够保证教师队伍的整体素质。因此,在产业学院的发展过程中,也要注重学校教师与企业技术人员之间的"双向流动",使得学校的教师能够在与企业合作的过程中丰富自身的实践经验,进一步提升教学能力;企业内部有经验的技术人员也可以通过产业学院的平台,将企业最新的生产、经营和管理情况与学生所学的内容相结合,真正体现理论与实际相联系,实现"产"与"学"的一体化。

第二节 国内产业学院研究总体进程

以"产业学院"为关键词在中国知网中进行文献搜索后发现,相关文献发表数量截至撰稿时共计763篇,其中,最早以产业学院为研究对象进行学术探究的是2007年发表的《产业学院:高职院校实施工学结合的有效探索》一文。从2007年开始,对产业学院的学术研究经历了漫长的发展过程。本节依据中国知网中的与产业学院相关的文献的主题和数量,将产业学院研究总体进程划分为以下三个阶段:研究起步阶段、研究发展阶段及研究成果建设阶段。从图2-1中可以看出,从2018年开始,产业学院相关研究成果逐年攀升,2022年出现了目前该领域论文发表数量的峰值。2017国务院办公厅发布的《关于深化产教融合的若干意见》提出"鼓励企业依托或联合职业学校、高等学校设立产业学院",此后相关领域的研究如雨后春笋般涌现,可见在政策支持下,产业学院研究进一步发展,相关理论也得以进一步建设完善。

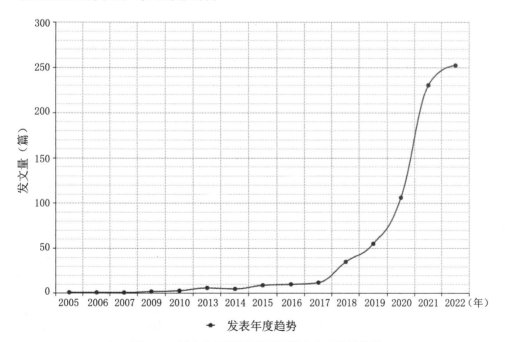

图2-1 以"产业学院"为关键词发表文章数量趋势

一、研究起步阶段(2007—2013年):产业学院理念的初步形成

2007—2013年为产业学院研究的起步阶段。这一阶段是地方院校在探索过程中逐步建立产业学院初步理念的阶段,是以地方高职院校与地方大型企业集团合作展开人才培养实践为基础的"理想型"产业学院理念探索阶段。①

(一) 主要研究内容

在这一阶段,理论研究多集中在对地方产教融合先试先行的经验性概括,实践总结基本上是对高职院校的特色办学模式的初步探索。研究内容集中在对产业学院概念、必要性、性质特征、办学模式和人才培养模式等展开探讨。徐秋儿从产业学院背景、内涵、运作形式和后续发展方面进行探讨,指出产业学院的建设是出于理念认同、制度规定和院校需求,是对实施工学结合人才培养模式的积极探索;并进一步说明,产业学院的内涵包括战略融合、机制保障、功能对接、人才互用、信息互通、设施共享六个要素。②徐秋儿的研究为后续产业学院的工学结合探索之路奠定了一定的基础。

邵庆祥认为,产学合作是高职院校发展的必由之路、是高职办出特色的根本保证,产业学院是具有中国特色高职办学模式的实现形式。邵庆祥从浙江经济职业技术学院和浙江省物产集团公司的产学实践中总结发现,现代流通产业学院的办学属性包括龙头引领、战略融合、机制保证、功能对接、人员共用、设施共享、信息互通等。③

一些学者在办学模式和人才培养模式方面进行了对"理想型"产业学院的探索。依托浙江建设学院的实际经验,崔凤祥、崔星从产业学院与集团融合,校企合作发展整体框架,全方位、多层次、多功能的产学合作以及促进高等职业教育内涵的"双师型"师资队伍建设四个方面来探索产业学院建设的措施,提出以市

---

① 李艳,王继水. 我国产业学院研究:进程与趋势:基于CNKI近10年核心期刊的文献研究[J]. 中国职业技术教育,2020(3):22-27.
② 徐秋儿. 产业学院:高职院校实施工学结合的有效探索[J]. 中国高教研究,2007(10):72-73.
③ 邵庆祥. 具有中国特色的产业学院办学模式理论及实践研究[J]. 职业技术教育,2009,30(4):44-47.

场和社会需求为导向,积极推进产业学院特色办学。①在对比国外人才培养模式(如德国"双元制"、美国社区学院、韩国"产学合作"等)和国内其他同类型人才培养模式(如模拟公司、课程教学分段、工作学期等)后,刘育峰指出,产业学院的人才培养模式是以学校为主按照参与市场竞争的企业形式组建具有产业功能和教学功能的现代企业,在真实企业环境中学院与企业、教师与师傅联手实施能力素质人才培养的模式。②

(二) 研究实践

在经济发展较快的珠三角地区和长三角地区,产业学院的建设探索走在了前列。以珠三角的中山市为例,其下每个市属区镇都形成了自身优势产业集群,而以产业集群为依托,中山职业技术学院积极和专业镇合作,成立相关特色产业学院。郑琦通过中山职业技术学院的相关实践经验,总结了产业学院的办学体制、办学特征,指出产业学院的建立基于产业集群对人才的需求,是企业深度参与、协同育人的新型高职教育办学新模式。③刘周海以中山职业技术学院沙溪纺织服装产业学院创新开展中高职"3+2"衔接教育为例,介绍了改革过程中所采取的改革思路和创新方法。④基于我国珠江三角洲和长江三角洲经济发达的沿海地带创新高职教育与地方经济发展相结合的载体——专业镇,易雪玲指出高职院校和镇政府应联合推动"镇校合作",进一步推动高职院校发展空间下移以及服务功能的向下辐射。⑤研究认为,"镇校合作"能够促进我国新型城镇化发展,是深化产学研合作体制的创新之路。

在研究的起步阶段,产业学院本身的建设尚未完善,学者们根据现有的实践经验进行探索性研究,提出一些推动产业学院进一步发展的相关设想,以期推进高职教育领域产学合作体制的创新。

---

① 崔凤祥,崔星. 探索高职教育的产业学院办学模式[J]. 继续教育研究,2010(10):56-58.
② 刘育峰. 产业学院背景下人才培养模式研究[J]. 成人教育,2010,30(3):56-57.
③ 郑琦. 产业学院:面向产业集群的高职教育模式:基于中山职业技术学院产业学院的分析[J]. 职业技术教育,2013,34(35):55-58.
④ 刘周海. 中高职3+2衔接教育实践与创新研究:以中山职业技术学院依托产业学院实施中高职3+2衔接教育为例[J]. 课程教育研究,2013(25):15-16.
⑤ 易雪玲. 高职教育"镇校合作"办学的理论基础与体制机制创新[J]. 职教论坛,2013(28):29-33.

二、研究发展阶段(2014—2017年):基于实践经验的学理探究

2014—2017年为产业学院相关研究进一步发展的阶段。在这一阶段,产业学院的实际建设初具规模,学者们累积了一系列相关实践经验,在此基础上,产业学院的内涵和功能定位更加明确,学者的研究更加聚焦于微观层面的产业学院的组织模式、运行模式、育人模式的总结。除了经验性的研究,也有一些关于产业学院的学理性探究。

(一) 主要研究内容

普清民等提出"政校行企"协同育人模式,在政府、学校、行业、企业之间建立协同机制,坚持政府主导、市场运作、多方投入,不同主体发挥不同的角色功能,提高人才培养质量,为地方产业转型升级和地方经济发展提供服务。[①]欧阳育良将地方政府有效介入产业学院和校企合作的模式分为以下三种:政府参与董事会制度的校企合作模式、政府主导理事会的校企合作模式以及政府授权行业协会和职业院校合作模式。从以上的文献可以看出,这一阶段的研究强调了政府在产业学院建设当中的主导地位,以及产业学院多元化主体合作共赢的办学机制。

这一阶段的研究也突破了纯粹经验层面上的总结,开始从理论层面对产业学院的前提条件、动力因素、制度逻辑等方面进行学理性的探究。有学者从利益相关者理论出发,产业学院涉及的利益相关者包含高职院校、龙头企业、学生、教师、政府、用人单位、行业协会、企业员工(实训教师)、家长、媒体行政人员、捐赠者、社会公众共计12种。[②]在此基础上,探索产业学院利益相关者共同治理模式。也有学者从新制度经济学理论出发,指出产业学院是利益相关主体之间的契约集合,属于一种正式的制度安排,并运用新制度经济学理论来研究产业学院蓬勃发展的前提条件和动力因素。[③]此外,李曾辉、李潭等学者还从组织学角度出发,

---

① 普清民,李微波,黄春平.政校行企"协同育人"的实践探索[J].高教论坛,2014(10):108-110,123.
② 郑琦.产业学院:一种利益相关者共同治理的高职办学模式[J].成人教育,2014,34(3):62-64.
③ 励效杰.产业学院的制度逻辑及其政策意义[J].职业技术教育,2015,36(31):49-52.

将产业学院作为运营主体,探究其内在运行机制。在混合所有制下,产业学院体现出产权结构多元化、治理方式现代化、运行机制市场化的特征。[1]产业学院作为实体的组织体系,应当在制度层面赋予其独立性的法人地位,建立现代化治理结构、常态化统筹机制以及多层次的能力提升机制,给予产业学院一定的独立和自主的空间,以充分尊重各方利益主体的诉求。[2]

(二)研究实践

这一阶段,研究者们在产业学院实体运行的基础上发现问题及总结经验,对未来发展提出设想,进一步提出完善产业学院整体治理机制的方法。以中山职业技术学院专业镇产业学院的建设经验为基础,易雪玲、万伟平等学者提出构建"镇校企行"协同育人机制,指出在镇政府主导下,由行业、企业、社区、科研院所、其他院校等多方投资形成多元办学实体——"专业镇产业学院"[3],建立专业共建、人才共育、师资共培、资源共享、实习就业共推、共同创新的合作办学机制[4]。产业学院依托中山市"一镇一品"的产业集群特色,为学校和企业的产学合作提供了有效的实践平台。

产业学院在这一阶段得到发展,但也存在一些现实问题,如顶层设计缺乏、行政色彩浓厚、办学效益低下、治理结构不完善等。针对高职混合所有制产业学院现阶段所存在的实际问题,张艳芳指出,应在国家法律层面健全相关法规,明确产业学院的法律地位;地方政府应对产业学院的规范运作提供相应的政策激励和保障;学校层面,也应当建立各利益相关方的协同机制,以促进产业学院的进一步发展。[5]专家学者在实践经验的基础上,进行了一些学理性的探究,为此后产业学院研究领域的理论建设提供了一定的研究基础。

---

[1] 李曾辉.混合所有制下高职院校"企业学院"治理结构及运行机制分析[J].教育与职业,2017(5):57-62.

[2] 李潭.产业学院:校企合作新型路径[J].教育评论,2017(11):27-30.

[3] 易雪玲,邓志高.探索"专业镇产业学院"高职教育发展新模式[J].中国高等教育,2014(Z3):59-61.

[4] 万伟平.基于产教融合的"镇校企行"合作办学模式实证研究:以中山职院专业镇产业学院建设为例[J].职教论坛,2015(27):80-84.

[5] 张艳芳.关于高职混合所有制产业学院的思考[J].职业教育研究,2017(10):15-19.

三、研究成果建设阶段(2018年至今):多学科视角下的理论建设

自2018年开始,随着产业学院从"理想型"到"实体型"的转化,有关产业学院的实践经验不断增加,产业学院的相关研究也随之开始显著增加。这一时期,研究者们不再只停留在初期对于产业学院的宏观设想和中期组织架构运营的探讨上,而是开始聚焦于产业学院内部亟待解决的一些实际问题,并有意识地从多学科视角对产业学院进行分析。此外,研究者们开始从内涵、特征、功能、运行模式、组织机制、困境、对策等多方面搭建产业学院的整体理论体系。

(一)主要研究内容

针对产业学院实际运行过程中的问题,学者们从不同角度进行探讨及提出对策。如从组织制度视角入手,蔡瑞林等从新制度经济学探讨产权培养问题,指出应建立"契约"和"非契约"混合实施策略,在培养产权的模糊界定过程中推进产教融合。[①]徐伟也将产业学院置于新制度经济学分析框架下,探讨产业学院内部交易成本的问题,并进一步提出降低交易成本、提高运行效率的对策。[②]胡文龙从创新链、产业链和教育链的"三链融合"视角,分析产业学院组织形态特征和制度创新的逻辑。[③]

三螺旋理论从社会学的视角研究创新活动的组织与实现问题,也有学者借鉴三螺旋理论,来探讨产业学院中政府、学校、企业之间的互动关系。钟德仁从理论角度对产业学院三螺旋协同可能性进行分析,通过对产业学院协同的可能性和运行管理模式进行三螺旋理论分析,提出进一步完善协同创新组织制度、利益分配制度和多元评价制度,实现校政企协同创新的共赢局面。[④]邓志新也从三

[①] 蔡瑞林,徐伟.培养产权:校企共同体产业学院建设的关键[J].现代教育管理,2018(2):89-93.

[②] 徐伟,蔡瑞林.交易成本:校企共同体产业学院治理的关键[J].中国职业技术教育,2018(9):43-47.

[③] 胡文龙.论产业学院组织制度创新的逻辑:三链融合的视角[J].高等工程教育研究,2018(3):13-17.

[④] 钟德仁,张晓秀,高芳凝,等.产业学院协同创新三螺旋理论分析[J].洛阳师范学院学报,2020,39(10):51-55.

螺旋理论出发,分析现代产业学院协同创新的困境根源,即政府、产业、学校三者螺旋的矛盾,探索性地提出现代产业"三方螺旋、四链融合、五业联动"的协同创新逻辑,并进一步总结了现代产业学院协同创新的实践路径。[①]

除上述理论视角外,还有许多研究者从结构功能主义视角、共生论视角、场域论视角等多个角度对产业学院进行研究,本书将在第三章对这些理论视角进行更为详尽的论述。

(二) 研究实践

这一时期,研究者们开始注重"产教融合"背景下的产业学院建设。具体而言,产业学院是产教融合的重要实现形式、是深化高职教育改革的重要载体、是提高技术技能型人才培养质量的重要抓手。[②]因此,对于产业学院的研究能够进一步深化高职教育产教融合。许多学者从产教融合背景出发,探讨产业学院的具体建设路径。如刘富才指出,产业学院的建设要注重"专业链"与"产业链"的结合,要从人才培养体系、培训体系和教学体系多方面入手,实现专业和产业间的跨界融合;[③]李雷认为,产教融合背景之下高职院校产业学院有效发展策略包括促进产业学院多元化合作发展、扩大校企合作模式、教学内容与职业要求接轨、注重职业资格证书的获取等;[④]夏积仁在总结了现代产业学院的构建模式和基本特征后,提出集群建设、以群建院、推进三教改革、加强科技创新、增强服务能力、共建共享产教融合实践基地等现代产业学院建设的有效路径。[⑤]

经历了十几年的实践探索和经验总结,产业学院研究在这一阶段的研究成果更加多样化,理论建设体系也逐步完善。但现阶段仍然存在研究内容不全面、研究视角单一、实证研究不足的问题。因此,今后学者们在对产业学院的研究过

---

① 邓志新. 三螺旋理论下现代产业学院协同创新:困境根源、逻辑机理与实践路径[J]. 中国职业技术教育,2021(31):45-52.

② 吴显嵘. 基于产教融合的高职产业学院建设机理及路径研究[J]. 中国职业技术教育,2018(29):5-11.

③ 刘富才. 产教融合背景下高职院校产业学院建设途径探析[J]. 高教学刊,2019(23):64-66.

④ 李雷. 基于产教融合背景下高职院校产业学院的建设路径研究[J]. 科技资讯,2020,18(32):240-242.

⑤ 夏积仁. 现代产业学院建设的模式、特征及有效路径[J]. 宁波工程学院学报,2022,34(2):104-110.

程中,应当更加注意以下几个方面:第一,将历史与逻辑有机结合、宏观与微观有机结合、国内与国外有机结合,从而拓展研究内容;第二,进一步拓展多学科研究视野,使得产业学院研究成果更加立体和系统;第三,研究者自身也应该提高方法论素养,更多地通过深度访谈、问卷调查等数据收集的方式进行实证调查,使得研究更具说服力。[①]

第三节 产业学院研究体系

产业学院的建设需要背靠大行业、大企业,进行全面、持续、深度的校企合作,产业学院是围绕龙头企业开展深度产学研工作的办学模式,是校企共建共享的基础性平台。在现阶段的实践探索和理论总结下,产业学院相关研究形成了一定的体系。本小节将重点梳理总结产业学院的组建模式、运行机制、功能定位和核心优势,帮助读者进一步深入理解现阶段产业学院的研究体系。

一、产业学院的组建模式

产业学院服务于社会和产业发展的需要,近些年来对各高校对产业学院的探索热度不断攀升,积累了不少实践经验。就目前经验来看,产业学院的组建模式可以分为"1+1"模式、"1+N"模式、"1+1+N"模式和"N+N"模式[②]。

(一)"1+1"模式

"1+1"模式指的是高职院校中的一个专业或专业群,与当地企业,特别是龙头企业组建产业学院的组建模式。高职院校在选择企业合作时,往往会选择在地方资源上具有优势的当地龙头企业,依托所在地区优势产业进行产业学院建设。如格力明珠产业学院,就是由珠海格力电器股份有限公司与珠海城市职业

[①] 陈维华.高职院校构建产业学院研究话语体系的进展与展望[J].邢台职业技术学院学报,2022,39(2):35-37,67.

[②] 王艳,李宇红.高职院校产业学院办学模式类型研究[J].教育与职业,2022(4):101-105.

技术学院联合建设的"1+1"模式产业学院。格力明珠产业学院针对格力相关岗位需求,和格力电器共同制定人才培养方案,重点培养格力电器等中国高端制造业发展急需的技能操作型精英人才。①尽管"1+1"模式可以充分利用龙头企业在地方的区域优势,但是,在校企合作方面长期存在"学校热、企业冷"的现象,双方存在核心利益不一致的冲突,导致在产业学院的实践中企业介入度不足,校企融合不深入。此外,在运行过程中,产业学院的独立性不够,成为二级学院的附属,偏离了产业学院建立的初衷。

(二)"1+N"模式

"1+N"模式指的是一个专业群和多个企业组建产业学院的"一对多"的产业学院组建模式。该组建模式的主要特点是依托学校的重点专业群,紧密对接学校所在区域的产业集群,服务于集中产业群下的中小企业。"1+N"组建模式下较为典型的代表是中山职业技术学院所建立的产业学院。学校依托中山市的专业镇模式,实行"一镇一品一专业"的独特办学方式,服务中山经济的发展。为回应地方人才需求,中山职业技术学院先后成立南区电梯学院、古镇灯饰学院、沙溪纺织服装学院、小榄学院、大涌红木家居学院等产业学院,打造为产业技术升级服务的协同创新平台,引领专业镇产业转型升级。②该类模式是一种面向产业集群的组建模式,通常由政府强力主导,将产业学院的发展作为地方区域经济发展的重要一环,在政府的协调下,能够实现资源共享和各方利益的最大化。

(三)"1+1+N"模式

"1+1+N"模式指的是一个专业群、一个行业协会和多个企业合作,或一个专业群、一个龙头企业和多个其他企业合作组建产业学院的组建模式。在该组建模式下,以高职院校为育人主体,行业协会或龙头企业作为桥梁纽带,共同促使其他企业深度参与产业学院建设。如徐州工业职业技术学院与浙江吉利汽车有限公司共建了吉利汽车产业学院,同时引入北京百通可信有限公司、中德诺浩(北京)教育科技股份有限公司等N家产业链企业的社会资源,形成了"1+1+N"

---

① 林倩. 格力明珠产业学院揭牌,董明珠:校企联合培养人才是必由之路[EB/OL]. https://www.thepaper.cn/newsDetail_forward_2651734.

② 廖冰莹. 中山职业技术学院 高质量服务区域创新发展[EB/OL]. https://www.163.com/dy/article/FQODQEJU0550037C.html.

的组建模式。① 吉利汽车产业学院通过共制育人方案、共享育人资源、共建实训基地、共用师资团队等方式进行新能源汽车专业技术人员的培养。与"1+N"模式下的政府主导不同,"1+1+N"模式下,龙头企业或行业协会起主导作用,整合产业内部优质的教育资源,使得企业和行业协会真正深度参与到职业教育中来,促进教育和产业之间的协同发展。

(四)"N+N"模式

"N+N"模式是多个院校和多个企业合作组建产业学院的组建模式,具体指区域内多家高校和多家企业联合共建的产业学院联盟,该模式重点在于整合资源,共同培养全产业链所需要的技术人才。该模式的参与主体众多,要将区域内部的多所院校、多个企业所掌握的多种人才和资源统筹在一起,因此需要政府和行业协会的支持和投入,进行协调、整合,联盟运行的难度较大。

现阶段国内产业学院组建多采用"1+N"模式和"1+1+N"模式,这两种模式在实践层面上来说较为可行,且能够整合学校、企业、行业协会及政府的多方资源协同育人,发挥区域产业优势,促进地区经济发展。

二、产业学院的运行机制

根据产业学院合作对象和功能需求的不同,可以分为不同的运行机制,包括校政合作型、校企合作型、校政企合作型、校行企合作型、校政行企合作型等多种合作及运行机制。②

(一)校政合作型运行机制

校政合作型运行机制指的是高校和各级政府合作共建的产业学院运行方式,学院的建设依托当地急需发展的产业,多由政府主动牵头,为当地经济发展培养技术人才。不少产业学院都采取这种运行方式,如哈尔滨新区人力资源服务公司主动对接哈尔滨职业技术学院,与哈尔滨职业技术学院共建"哈尔滨新区

---

① 校企共建产业学院,"1+1+N"模式协同育人[EB/OL]. https://www.tech.net.cn/news/show-94749.html.
② 夏积仁. 现代产业学院建设的模式、特征及有效路径[J]. 宁波工程学院学报,2022,34(2):104-110.

产业学院",以该学院为载体,合力解决中小微企业科研技术攻关难题,促进哈尔滨新区经济发展①。校政合作的模式有利于推动深化产教融合、促进政校共同育人。

(二)校企合作型运行机制

校企合作型运行机制指的是高校和企业合作共建的产业学院运行方式,目前在产业学院的实际建设中这种运行方式占大多数。为应对产业链转型升级,培养时尚产业链储备人才和创新创业人才,浙江纺织服装职业技术学院与宁波博洋控股集团有限公司共建"博洋产业学院",形成以学校为主体、校企合作、产教融合的多方位合作办学模式,实现高校与企业的资源共享②。校企合作一向是职业教育的重要环节,产业学院是校企合作的平台和载体,通过产业学院的建设,进一步提升企业对职业教育的参与度。

(三)校政企合作型运行机制

校政企合作型运行机制指的是高校、政府和企业三者联合共建的产业学院运行方式,如黔南民族师范学院、福泉市政府、贵州胜威福全化工有限公司三方合作共建"新能源材料现代产业学院",依托产业学院吸引新能源、新材料、精细磷化工高层次人才队伍,推动地方校企合作、校农结合、乡村振兴和科技文化的发展。③校政企三方资源共享,合力培养技术人才,能够进一步推动区域经济发展、地方产业转型升级。

(四)校行企合作型运行机制

校行企合作型运行机制指的是高校、行业协会和企业三者联合共建的产业学院运行方式,高校依据自身优势专业群,对接行业发展趋势,形成多方联动。该运行机制将进一步推进企业深入职业教育人才培养过程,推动职业教育服务当地农业发展,如湖南生物机电职业学院与湖南省农业机械化协会、湖南湘鹿农

---

① 增添发展"新"动力!哈尔滨新区开展"政校合作"成立产业学院[EB/OL]. https://baijiahao.baidu.com/s?id=1700889182720286905&wfr=spider&for=pc.

② 史望颖,王国海. 浙江纺服职院与企业共建"产业学院"[EB/OL]. https://baijiahao.baidu.com/s?id=1744652166235412394&wfr=spider&for=pc.

③ 黔南校政企共建产业学院[EB/OL]. https://baijiahao.baidu.com/s?id=1726873140327
7112871&wfr=spider&for=pc.

机有限公司合作共建"湖南农机产业学院",该学院致力于培养发展型、复合型、创新型的现代农业技术人才。①

(五) 校政行企合作型运行机制

校政行企合作型运行机制的参与主体更加多元化,包括高校、政府、行业协会和企业,四方共建学院,共享资源和利益,如南京新电商产业学院,其是在南京市商务局指导下,由南京电子商务协会协同南京信息职业技术学院等高校发起,江苏省内多家电商龙头企业共同参与打造的产业学院。该学院聚焦于电商的新业态、新模式,动态升级人才培养模式。②在这种模式下,产业学院能够得到政府更好的优待政策、行业协会协调支持以及企业内部的多种资源。

产业学院作为产教融合的重要载体,各高校也探索出了一些有特色的运作机制,包括"一站式运作机制"和"一体式运作机制"。其中,"一站式运作机制",是校企双方依托产业学院完成从招生到就业的全过程链托管,包括学习空间"一站式"、学习支持"一站式"和学习过程"一站式"。③产业学院设立在产业园区和企业内,实训设备、场地都在企业内,学生的学习空间也固定在园区内,使得学生能够在未来迅速适应工作环境。此外,"一站式运作机制"将现代学徒贯穿于整个学习过程,师傅为学生提供"一站式"的学习指导,学生的学习过程也被全程观测、记录。"一体式运作机制",则指校企双方原本是互为独立的主体,在产业学院中逐步建立起共同育人、合作研究、资源共享和创新发展的新体制、新机制,形成"风险共担、利益共享"的技术联合体,实现教学"一体化"、资源"一体化"和管理"一体化"。④具体而言,"一体式运作机制"根据产业需求调整课程大纲和教学内容,将生产与学习"一体化",这将有效培养"双师型"教师队伍的能力与素质。同时,校企双方共建实训基地、共享生产资源和设施设备,将企业的相关硬件设备作为教学的工具,实现资源"一体化"。此外,该模式下的产业学院作为独立运行的实体,一般通过制定规章制度进行管理,形成有效的一体化管理体系。

---

① 苏亮. 校行企合作!湖南生物机电职院第三个产业院成立[EB/OL]. https://baijiahao.baidu.com/s? id=17485770288509615113&wfr=spider&for=pc.
② "政行企校"携手打造南京新电商产业学院成立[EB/OL]. https://baijiahao.baidu.com/s? id=17496653251852610477&wfr=spider&for=pc.
③④ 崔志钰,陈鹏. 职业院校产业学院:建设意义、组建策略与运作模式[J]. 高等职业教育探索,2021,20(4):22-27.

三、产业学院的功能定位

产业学院立足于区域经济发展,依托高校的专业建设,以培育高质量技术人才为目标,综合利用高校和企业资源优势,打造产教融合、校企合作的平台。梳理总结以往学者们的观点,我们可将产业学院的功能定位具体分为以下几个方面,分别为:深化产教融合,服务区域经济发展;引导高校内部治理方式及制度改革;创新技术技能人才培养模式;多元协同,共建创新发展共同体。

(一) 深化产教融合,服务区域经济发展

依托产业学院的平台,能够整合高校、政府、企业和社会的优质资源、多元主体共同参与职业教育,实现职业教育人才培养与社会需求之间的一致性、适应性。因此,通过产业学院的建设,高校能够借助自身人才和科研优势,充分协调企业、地方政府等多方资源,在育人过程中实现优势互补,培养产业发展所需的高素质技术技能人才,并进一步增强行业企业技术研发攻关实力,助力在岗人员社会培训岗位能力持续增进,为区域发展储备人力资源。[①]

(二) 引导高校内部治理方式及制度改革

产业学院人才培养目标聚焦于服务支撑产业发展、培养理念的创新、人才培养过程的优化、教学评价的改革、教育资源的重组等,[②]必然倒逼高校内部治理方式及制度的变革。传统管理方式强调自上而下的行政统一性,而由于产业学院建设的多主体性,外部主体在管理过程中具有较大的话语权,管理方式从统一性向多元化、民主化发展转变。此外,产业学院在产学研结合上的探索方面,也会推动课程设置、教学师资、绩效评价等专业建设方面的制度改革,有效推动高校内部治理能力提升。

[①] 郎振红. 深化产教融合的产业学院人才培养模式研究与实践:以津电鲲鹏产业学院为例[J]. 天津商务职业学院学报,2022,10(4):81-90.
[②] 黄彬,姚宇华. 新工科背景下地方高校产业化学院建设:培养目标、功能定位与路径探索[J]. 现代教育论丛,2018(4):67-71.

(三) 创新技术技能人才培养模式

在产业学院的运作框架下,企业、政府、社会都拥有了一定的共同话语权,搭建了多方协同联合培养人才的平台,为技术技能人才培养模式的创新提供了更大的可能。产业学院通过近距离的行业调研及企业代表的实质性参与,可多主体确定更适合的专业人才培养目标、制定更准确的职业人才能力标准、构建更合理的能力培养课程体系,[①]使得技术技能人才培养体系更合理、更高效,并且行业企业能够直接参与产业学院的建设和人才培养过程,能够根据产业调整变动所产生的对人才的最新需求及时调整课程体系,依托企业的资源和能力对原有的教学资源进行整合,[②]提升人才培养质量,进一步推动人才培养模式的创新。

(四) 多元协同,共建创新发展共同体

产业学院有机整合内外多方主体,畅通院企合作、院地合作、院所合作和技术协同的渠道,形成以院企合作为龙头、院地合作和院所合作为两翼、技术层面协同为统领的共同体。[③]在合作共建产业学院的过程中,形成政府、高校、行业和企业之间的稳定分工合作模式和利益配分机制,实现多元价值和多方利益之间的均衡。

四、产业学院的核心优势

产业学院的核心优势源于其核心竞争力。核心竞争力是经济学中重要的概念,是能够为企业带来比较竞争优势的资源,以及资源的配置和整合方式,是一个组织在市场中能够生存立足的关键。核心竞争力由普拉海拉德(Prahalad)和海默(Hamel)提出,其基本特征包括:能够将资源、技术、知识进行整合,并将长期的积累和学习过程展现在市场竞争中;核心竞争力的要素和标准是融合多学科知识、多技术的复数标准。依据核心竞争力的概念,学者们从产业学院的组织特征和现阶段的发展情况,总结了产业学院的三大核心优势,包括强大的资源整合

[①] 李宝银,汤凤莲,郑细鸣. 产业学院的功能设计与运行模式[J]. 教育评论,2015(11):3-6.
[②] 李雪,蒋芝英. 基于市场化的校企共建产业学院:逻辑、价值及路径[J]. 教育与职业,2022(3):35-41.
[③] 孙柏璋,龚森. 产业学院:从形态到灵魂重塑的转型发展[J]. 教育评论,2016(12):14-17.

能力、特色专业集群和高质量毕业生。

(一) 强大的资源整合能力

巴顿认为,核心竞争力是一种制度化、系统化的且可以为其带来市场竞争优势的知识体系。巴顿所说的"知识"是广义的知识,包括企业的专有知识、员工的技术技能以及企业内部管理制度和价值观等。产业学院作为高职院校推进产教融合的重要平台载体,能够将企业、行业的优质资源进行有效整合,是兼有高校优质资源和社会优质资源的跨界组织。资源通过组合可以为产业学院的核心竞争力提供基础保障,能够激发产业学院的组织结构、运行机制核心竞争要素作用的发挥。[①]因此,产业学院在多元主体的共同参与建设下形成紧密的合作框架,实现协同治理,充分利用一切优质资源保障产业学院的顺利运行。

(二) 特色专业集群

巴顿认为,组织内部的技术水平、战略管理水平、组织文化制度等都属于组织技术的范畴,其技术范畴包括硬技术和软技术。作为软技术的制度、机制等文化要素是组织内部经过长期积累形成的,是其他组织难以复制和超越的,因此软技术在很大程度上决定了组织的核心竞争力。同样,产业学院的核心优势不仅体现在物质资源这些"硬技术"上,也体现在"专业群"这一"软技术"上。专业群是围绕某一行业设置形成的专业,产业学院的专业群聚焦于新产业、新技术,专业群的建设符合其所在区域产业水平和战略发展需求,具有明确的定位和可持续发展性。[②]人才培养过程也是一种软技术,围绕着学院特色专业群,与企业共建人才培养体系,将企业对人才的需求和高校的知识优势相结合,畅通信息沟通机制,使各类人才培养要素得到优化组合,将产业学院内部资源优势转换为人才优势。[③]由此可见,产业学院的特色专业集群,是一种文化软技术,具有较强的排他性。

[①] 吕江毅,宋建桐. 高职院校产业学院核心竞争力研究[J]. 成人教育,2019,39(10):63-68.

[②] 魏红伟,袁江. 职业院校产业学院核心竞争力提升策略研究[J]. 职业教育研究,2022(7):56-61.

[③] 宣葵葵,王洪才. 高校产业学院核心竞争力的基本要素与提升路径[J]. 江苏高教,2018(9):21-25.

(三) 高质量毕业生

市场是检验企业核心竞争力的最终标准,市场能认可企业所生产的产品,才是企业实力的最有力证明。同样的,产业学院培养出来的学生在某种程度上可以被认为是一种有待市场检验的"产品",而用人单位是否满意也是检验学校培养是否得当的标准。产业学院的人才培养目标服务于企业的生产、研发和产业人才需求,通过零距离的行业调研及企业直接参与,能够构建更合理的能力培养课程体系,制定出更精准的职业人才能力标准,设计出更真实的学习任务,[①]学生在产业学院中"产学研"有机结合,专业实践能力得以增强,能够与公司的用人需求相吻合、相适配。人才培养、科研和社会服务是高校的核心职能,因此高校的毕业生质量是人才质量中的一个方面,也是其核心竞争力的外在体现。

---

① 鲍计国. 建立产业学院的必要性研究[J]. 天津中德应用技术大学学报,2020(5):33-37.

高职产业学院建设的"五然"研究与实践探索

第三章

产业学院研究的蔚然

- ⊙ 新制度经济学视角：产业学院中的多元利益主体
- ⊙ 结构功能主义视角：产业学院的功能分析
- ⊙ 场域理论视角：产业学院作为产教融合的场域
- ⊙ 共生理论视角：产业学院的共生系统

第一节　新制度经济学视角：产业学院中的多元利益主体

新制度经济学是一个侧重交易成本的经济学研究领域，其兴起是在20世纪70年代凯恩斯经济学对现实丧失解释力之后。新制度经济学放宽了关于新古典经济学的假设，对"理性人"的假设提出了修正，提高了对于现实的解释能力，并将研究对象放在了人、组织和社会行为之间的行为关系和规则上。新制度经济学包括四个基本理论：交易费用理论、产权理论、企业理论和制度变迁理论。本节将从新制度经济学的视角，把产业学院作为独立的组织进行分析。作为多元主体参与建设的组织，产业学院在形成过程中会面临多样的利益相关群体的博弈和复杂的制度环境，新制度经济学能够帮助我们从组织制度的视角理解产业学院的发展现状。

一、产业学院中的利益相关者分析

"利益相关者"一词最早可以追溯到20世纪80年代，弗里曼（Freeman）出版了《战略管理：利益相关者管理的分析方法》一书，明确提出了"利益相关者管理理论"。他认为利益相关者是影响组织目标实现并能够被组织实现目标过程影响的人，利益相关者管理理论则是企业的经营管理者为综合平衡各个利益相关者的利益要求而进行的管理活动。瑞安曼（Rehenman）给出了较全面的定义："利益相关者通过企业将它的目标加以完成，而企业也需要依靠此类群体来保障自身的生存与发展。"利益相关者理论的核心在于，组织不应当只集中关注于财富的积累，也应当注重社会效益，平衡各个利益相关者的利益要求。不少研究者认为，在这一概念定义下，现代产业学院是一个典型的利益相关者组织。

米切尔评分法是国际比较通用的利益相关者划分的方法，由美国学者米切尔和伍德（Mitchell&Wood）提出。他们认为，企业的利益相关者至少符合合法性、权力性和紧急性三种属性中的一种，即对企业拥有合法合理的索取权、拥有影响企业决策的权力以及紧急引起企业管理层的关注的能力。根据三种属性的分值高低，将利益相关者划分为以下三种：第一，确定型利益相关者，同时拥有合法性、权力性和紧急性;第二,预期型利益相关者,拥有上述三种属性当中的任意两种;第三,潜在型利益相关者,只拥有其中一种属性。

根据米切尔评分法,在对现代产业学院的利益相关者进行具体的分析后,可以认为产业学院的确定型利益相关者包括学生、高校、企业和政府;预期型利益相关者为行业协会和家长;现代产业学院潜在的利益相关者则是社会公众。[①]每个利益相关者的核心利益诉求有所不同:如学生和家长的诉求是习得技能、提升知识、找到满意的工作;高校的诉求是培养高质量人才、提升科研能力、服务区域经济发展;企业的诉求是储备优秀人才、招聘高质量员工、提升企业经济效益;政府的诉求则是提升职业教育质量、推动区域经济发展。[②]从中可以看出,产业学院各利益相关者之间的利益诉求既有交叉之处,也有不一致的地方。因此,产业学院在实践过程中应均衡各方利益诉求,保证利益相关者的长期有效合作。

高职院校依托产业学院的建设,探索的利益相关者共同治理模式建立起了一定的运行机制,包括契约机制、利益表达与协调机制、利益分享与激励机制、保障机制和监管与退出机制。[③]契约机制是指利益相关者之间的契约签订:高校与产业聚集地政府签订合作协议、与企业签订合作办学协议,明确各项职责,将各项工作以法律形式确定下来,用契约约束管理各方行动,使得产业学院能够顺利运行。利益表达与协调机制指的是产业学院常设协调机构,进行各方利益相关者的利益表达、沟通和协调工作,如各方利益相关者共同召开圆桌会议,就产业学院各项相关事宜进行协商沟通。利益分享与激励机制指政府通过项目立项、税收优惠和表彰等方式对参与产业学院合作建设的企业进行激励,产业学院以人才培养为目标,所产生的经济利益应用于学院自身的发展,避免与企业之间的经济纠纷。保障机制包括完整的制度保障和资金保障,在教学过程、教师队伍建设、实训基地建设、资金投入等多方面保障产业学院的运行。监管与退出机制是由利益相关者组成的监督管理机构和相关管理制度,以对产业学院运行过程中出现的各项问题及时进行监督和调整。

利益相关者理论的视角能够较好地帮助我们从多元主体出发,分析产业学院的建设和发展过程中的问题,实现多主体间的合作共赢。

---

① 徐正丽,文益民.利益相关者视域下的现代产业学院建设[J].高教论坛,2022(4):59-62.
② 窦小勇,梁晓军,周斌.高职院校产业学院建设与发展路径研究:基于利益相关者理论[J].产业科技创新,2020(28):110-112.
③ 郑琦.产业学院:一种利益相关者共同治理的高职办学模式[J].成人教育,2014,34(3):62-64.

二、交易费用理论下产业学院的运行

制度是社会个体之间的交往规则或社会组织的结构与机制,制度本身包括正式制度,如法律法规等具有强制力的概念,也包括非正式制度,如价值观念、社会习俗等。制度经济学则是以制度为研究对象的经济学分支,制度的环境是复杂的,面临各种各样的组织利益相关者,组织在形成的过程中也会涉及多个利益群体。现代产业学院是一个制度性的组织,政府、企业、高校是参与产业学院建设的核心主体,产业学院的建设是宏观制度与微观行为逻辑之间相互作用的结果。[1]从新制度经济学角度看,产业学院是利益相关主体之间的契约集合,属于一种正式制度安排,其发展方向和规模不是随机的,其选择或其变迁可以用新制度经济学理论来进行分析。[2]

产业学院的组织特征包括功能目的服务性、办学模式合作性、教学内容职业性。[3]功能目的服务性是指产业学院以服务当地产业集群为宗旨,在产业集群区开展办学,加强高校与企业之间的信息、科研、人才的沟通交流,推动当地区域产业集群发展。办学模式合作性指的是产业学院办学主体的多样化,其内部的教学设施设备投入、教师队伍建设、实训基地建设,均由高校、政府、行业协会和企业多方投资参与,实现协同育人。教学内容职业性则指的是产业学院的教学与其他普通高校的教育相比,强调学生对于生产的实践参与,重视教学与职业工作体系的对接,具有职业性特征。

交易费用是新制度经济学的一个重要概念,这一概念可用于分析产业学院的组建和运行。1937年,经济学家科斯(Coase)在《企业的性质》中首次提出交易费用的概念,而威廉姆森(Williamson)系统地理论化了交易费用。威廉姆森认为,交易费用的存在受限于三个方面的因素:受到限制的理性思考、机会主义和资产的专用性。威廉姆森指出,影响市场交易费用的因素主要分为两个方面:一是交易因素,包括市场的不确定性、潜在交易对手数量、交易技术结构;二是人的因素,指人的有限理性和机会主义。在威廉姆森的交易费用理论下,现实世界的摩擦性决定制度运行必然存在成本,这与产业学院的实际运行情况相符合。

---

[1] 高艳,宫斐,李华玲. 混合所有制产业学院建设困境与路径:一种基于新制度主义的分析范式[J]. 职业技术教育,2021,42(30):7-13.

[2] 王亚华. 水权解释[M]. 上海:上海人民出版社,2005:17.

[3] 励效杰. 产业学院的制度逻辑及其政策意义[J]. 职业技术教育,2015,36(31):49-52.

用交易费用理论来分析产业学院的建设和运行,以交易发生作为分界点,可以分为事前成本和事后成本,事前成本包括搜寻和信息成本、谈判成本和契约保障成本,而事后成本包括监督成本、沉淀成本和运行成本。[1]搜寻和信息成本指的是学校和企业之间的合作是一个双向选择的过程,双方要对彼此的资源质量、合作意愿、社会声誉等各项因素进行信息搜寻,因此产生相应的成本。谈判成本是双方就产业学院运行所涉及的资源投入、利益分成、权责义务、风险分担等各项事务进行谈判协商的成本。在产业学院的多重委托代理关系下所产生的逆向选择和道德风险,也会必然导致契约保障成本的产生。产业学院在实际运行的过程中需要相应的监督机构,对教学过程、社会服务、科学研究等各项工作进行审计监督,因此产生监督成本。此外,产业学院的日常运行维持也产生相应的成本,在双方退出合作的情况下,有些共享资源如教学设备、经费、人力成本等无法转为他用,导致成本的沉淀。因此,由于现实存在的摩擦,产业学院制度在实际执行的过程中会产生一系列的成本。

交易成本制约了产业学院的进一步发展,要降低交易成本,应明确产业学院中的产权关系。具体而言,应划分产权主体的权责关系,规范各产权主体的竞争行为,优化产业学院内部的资源配置,通过有效的产权治理来实现内部组织的紧密团结,推动产业学院的有效运转。[2]

三、产权理论下产业学院的产权关系

产权指财产权利,是人们支配某种有价值的资源的权利,是决定人们获取或使用某种资源所必须遵循的规则。[3]产权是让自己或他人受损或受益的权利,界定了经济当事人能做什么和不能做什么的行为边界,包含了对当事人受益或受损的权利分配。产权包括所有权、使用权、转让权和收益权等。产权首先指特定客体,如财产、资产、商品等;但产权不仅仅要明晰人与物之间的关系,还要明晰不同主体基于对特定客体的权利相互之间发生的各种经济关系。

产权理论探讨不同产权结构对资源配置的影响,强调产权在经济交易中的

---

[1] 徐伟,蔡瑞林. 交易成本:校企共同体产业学院治理的关键[J]. 中国职业技术教育,2018(9):43-47.

[2] 高艳,宫斐,李华玲. 混合所有制产业学院建设困境与路径:一种基于新制度主义的分析范式[J]. 职业技术教育,2021,42(30):7-13.

[3] 卢现祥. 新制度经济学[M]. 武汉:武汉大学出版社,2011:62-64.

重要作用。产权理论在"交易成本"和"科斯定理"基础上发展而来,诺贝尔经济学奖得主科斯是现代产权理论的奠基者和主要代表。产权理论认为,没有产权的社会是一个市场效率绝对低下、资源配置绝对无效的社会,要使市场有效配置资源、高效运转,需要交易者对所要交换的物品拥有明确的、排他的、可自由转让的所有权。

产权理论通过阐释产权内涵及描述产权关系进而有助于人们从明确的产权关系中获得可预知的收益。[①]产业学院包含了产权、交易、成本、资源及市场化运作等所有特征要素,从新制度经济学的视角分析,产权问题成为产业学院组建和运行的根本问题,产业学院完全可以放置在产权理论的分析框架之下,即通过产权理论分析学院与企业之间的关系。[②]

从产权理论的角度分析,产业学院中的产权关系可分为初始产权、模糊产权和混合所有三种形态,这也代表了校企合作产权制度演化的三个阶段。[③]初始产权阶段,学校具有清晰的产权归属,学校办学资源控制权掌握在创办者手中,与企业的合作不涉及任何要素的所有权转移,是体制框架内的短期租赁行为。模糊产权阶段,企业的各要素,包括资本、生产设备、管理等通过与高校合作成为了教学要素,双方通过协商和交换来共同行使对办学资源的控制权,产权占有呈现一种"模糊状态"。混合所有阶段,校企双方将增量资产资本化,重新对产权进行清晰的界定,实现校企双方对市场化办学资源的混合所有。职业教育中的混合所有制改革,进一步明晰了各种类型产权的归属,各投资主体在明确自己的产权后,其回报和预期收益也相对固定,这能够促进社会各界对职业教育的办学热情和投资力度,保障职业教育资源按最优效益配置,促进职业教育的发展。[④]

产业学院要实现高效的市场化运作,离不开清晰的产权归属,产权关系的安排是产教融合中需要重点做出创造性改变的关键。[⑤]但目前,我国产业学院在运行过程中仍存在产权不清的问题,具体体现在以下几点:第一,产业学院产权缺

---

① 王为民.产权理论视角下职业教育现代学徒制建设之关键:明晰"培养产权"[J].国家教育行政学院学报,2016(9):21-25.

② 蔡瑞林,徐伟.培养产权:校企共同体产业学院建设的关键[J].现代教育管理,2018(2):89-93.

③ 朱俊,田志磊.从初始产权到混合所有:职业院校校企合作的制度变迁:一个基于新制度经济学的分析框架[J].中国职业技术教育,2015(30):38-43.

④ 谢笑天,王坤.职业教育混合所有制改革的产权保护研究[J].职教论坛,2016(22):26-29.

⑤ 张浩,王纾.产业学院模式构建的政治经济分析[J].职教论坛,2021,37(9):31-37.

乏归属划分依据;第二,产业学院中的公有产权缺乏监督和保护机制;第三,产业学院的产权价值缺乏衡量标准。[①]产权不清的问题极大地阻碍了民间产业资本参与产业学院建设的热情,掣肘了产业学院向更深层次发展。

针对产业学院产权不清的现实问题,政府、高校和企业都应该承担起主体责任,共同推动产业学院产权治理体系的完善。第一,国家应尽快出台混合所有制办学模式下的产权界定管理办法,完善顶层设计,使得产业学院的产权归属划分有法可依;第二,推动建立教育类资产价值评估的国家标准,对教育硬件资产和无形资产进行统一的市场价值评估;第三,促进教育类资产产权流通,培育教育类资产产权市场。[②]产业学院的产权培养是校企双方的共同决策行为,是对产权不断界定、动态的发展过程。

第二节 结构功能主义视角:产业学院的功能分析

结构功能主义是二战以后在西方崛起的最重要的社会学流派之一,主要探讨社会秩序维持及其结构、过程和方法,以及社会的分化和整合。结构功能主义强调,社会是一个有机体,政治系统、经济系统、文化系统等就是有机体的各组成部分,这些部分不仅相互达到平衡,维持有机体的正常运作,还相互关联和制约,任何一个部分的变化,都可能在整个体系中产生影响。

从结构功能主义的视角来看,产业学院与其他系统相同,都是由不同的主体要素和结构组成的组织,不同的主体(政府、高校、企业等)承担各自角色、发挥着各自的功能,维系着各要素之间的平衡,以保证产业学院的顺利运行。本节从结构功能主义视角出发,分析产业学院的具体功能以及产业学院在建设过程面临的困境和相应解决路径。

---

① 金炜. 新时代高职产业学院的建设逻辑、现实困境与破解路径[J]. 教育与职业,2020, (15):28-34.

② 段明. 基于产教融合的高职产业学院治理模式、问题与路径[J]. 教育与职业,2021, (16):28-35.

一、结构功能主义视角下产业学院的功能

帕森斯是结构功能主义的代表人物，他开创了"AGIL"功能分析框架，来研究社会系统和子系统的功能。"AGIL"分别对应适应性（A：Adaption）、目标达成（G：Goal Attainment）、整合（I：Integration）、潜在模式维系（L：Latency pattern maintenance）。社会系统只有适应了外部压力，并动员内部力量获取资源，才能使得系统顺利生存下去。为了确保系统目标的实现，各个层次的目标必须清晰，且调动成员一致为实现目标而行动。家庭、初级群体、社区等各个社会关系进行情感联系，发挥社会整合的作用，形成宗教情感、社会价值规范、行为准则等共同取向。此时，社会系统会进入潜在模式维系阶段，维系自身所固定下来的秩序并不断发展。上述几种功能分别对应的社会系统为经济系统、政治系统、社会系统和文化系统。高校产业学院是一个复杂的系统工程，其各子系统之间互相联系制约，结构功能主义理论对产业学院的运行有一定的解释性。下文将运用帕森斯的"AGIL"模型，对产业学院的适应功能、目标达成功能、整合功能和潜在模式维系功能进行分析。[1]

组织必须适应环境的发展，从环境中获取资源维系自身运转。产业学院的适应功能体现在，随着经济发展和产业转型改革，产业学院也进行了相应的转型，对办学模式、办学空间、专业设置等方面进行调整，使得产业学院的育人机制与产业人才需求相对接。任何系统都会具备自身的目标，并动员成员一致行动以实现目标。产业学院将培育人才作为基础目标，实现"教育链"和"产业链"之间的融合，达到深化产教融合、为社会提供急需的产业技能人才的目的。产业学院的整合功能涉及政府、高校、企业和行业协会多元主体的参与配合，重新协调各方资源，将资源优化配置，以实现产业学院的有效运转。文化子系统承担了潜在的维护功能，系统的长期运转依赖于共同的价值观。产业学院运转的关键也在于其价值理念的构筑，应进一步塑造新时代的"工匠精神"，推动"技能型社会"的社会氛围的形成。

默顿在帕森斯的基础上，强调功能应有正功能和负功能之分。对于某个系统具有某种功能的事项，可能对于另一个系统来说并不具备该功能。社会要素和结构对于社会调整和社会适应起积极作用便是正功能，反之，起消极作用的便

---

[1] 王冰璇. 结构功能主义视角下高职院校产业学院建设研究[J]. 职教通讯，2022(8)：68-76.

是负功能。默顿还进一步提出显功能和潜功能的概念,他认为,显功能是有助于系统的调整和适应的客观结果,这种调整和适应是系统中的参与者所期望达到或能预料、认识到的;而潜功能是没有被预料也没有被认识的客观后果。

运用默顿的正、负功能论和显、潜功能论,可以整理出现代产业学院所具备的相应功能。产业学院的正功能为调动整合各界资源,进行科学、文化知识和技术的传播,促进学生社会化;[①]负功能为多方参与所导致的权责不清晰,以及利益分配难以得到保障。显功能为培养高素质应用型、复合型、创新型人才;潜功能为通过高技能劳动力的培养和供给,为产业升级提供所需劳动要素,提升劳动力与市场需求匹配度,促进劳动就业和区域经济发展。[②]通过对产业学院的功能分析,可以进一步探究各子系统当中功能实现的问题,对其系统局限性进行分析。

二、产业学院功能实现的问题

现阶段,产业学院的发展尚不成熟,存在经验不足、机制不完善、相关标准缺失等多种问题,因此在实际运行过程中,产业学院的功能实现与预期存在一定的偏差,影响了系统最终的功能表达和持续稳定性。

第一,系统适应性不足,产业系统与教育系统的融合度不深。产业学院作为产教融合的载体,代表着产业系统和教育系统双方之间的相互调适,而"产"和"教"之间本身存在一定的矛盾,"产"是营利性组织,更看中短期内的经济利益,而"教"是非营利性组织,看重的是对人才的培养教育,偏重于社会效益。[③]产业系统与教育系统的耦合发展的基础在于企业积极参与产业学院的建设,但现阶段由于"产"与"教"之间的利益目标矛盾导致企业参与产业学院建设的积极性不高,企业较少介入运营管理、缺乏运营专职人员、缺乏牵头组建产业学院的热情等问题。

第二,系统目标不清且达成度低。在产业学院运行发展过程中,受多主体参与和生态环境的影响,出现了定位偏差和目标不清的问题,如专业设置脱离区域

---

① 李强. 功能主义视角下的职业教育发展分析[J]. 继续教育研究,2009(11):45-47.
② 王波,卞飞,王斯克. 结构功能论视角下的高职产业学院模式分析与重构[J]. 北京经济管理职业学院学报,2022,37(2):13-20,27.
③ 杨斌,李豆豆. 产教融合困境及对策研究:功能主义的视角[J]. 高等继续教育学报,2019,32(2):18-23.

产业发展目标、将产业学院与二级学院混为一谈等。①高职院校的产业学院在专业设置时应依托当地区域的产业集群、与当地产业发展需求相适应,从而推动区域经济的转型升级。但在实践过程中,受社会环境的影响,高校为了实现学生的高就业率,往往会选择设置热门专业,导致专业的设置偏离了推动区域产业发展的初始目标。此外,由于我国产业学院的建设起步较晚、经验不足,许多高职院校对产业学院的定位认知不足,认为产业学院就是二级学院。这样的认知偏差会导致产业学院丧失其目标定位,影响企业深度参与合作,偏离了产业学院教育系统与产业系统协调发展的目标。

第三,系统整合不足,资源匹配度低。制度在系统整合当中起着至关重要的作用,现阶段国家政策虽然大力支持产教融合和产业学院的建设,但是在实行上缺乏具体落地的政策,影响了产业学院的高效资源整合。此外,存在资源供给与产业学院实际需求的矛盾:对企业优质教育资源的需求与企业相关资源紧缺的矛盾;产业学院建设的前瞻性要求对把握行业动态的时效性与企业对相关信息安全担忧的矛盾。②

第四,系统维护不稳,文化认同度低。文化观念和认同感是维持产业学院长久有效运作的关键。产业学院在日常管理和运行过程中,依然存在"上令下行"的高校管理思维,其高校行政色彩较为浓厚,影响了产业学院的运行效率。此外,中国社会长期存在重理论、轻实践的教育氛围,缺乏对职业教育的文化认同,职业教育在很长一段时间内被视为"低层次教育"。尽管现阶段国家出台一系列政策文件,强调职业教育是与普通教育具有同等重要地位的教育类型,但在中国社会长期沉淀下来的固有文化观念中,对于职业教育的偏见仍需要进一步根除。产业学院作为产教融合的一种新的职业教育育人模式,也不可避免地难以得到社会普遍认同。

三、产业学院功能建设的探索

根据帕森斯的"AGIL"功能分析框架,针对上述产业学院系统所存在的问题,我们可从组织机制、制度机制和价值机制三个维度来构筑产业学院中产教融

---

① 王冰璇. 结构功能主义视角下高职院校产业学院建设研究[J]. 职教通讯,2022(8):68-76.

② 王波,卞飞,王斯克. 结构功能论视角下的高职产业学院模式分析与重构[J]. 北京经济管理职业学院学报,2022,37(2):13-20,27.

合机制架构,推动产业学院的功能实现。这三个机制之间有清晰的互动逻辑关系:组织资源分配的合理性)及目标的达成取决于组织机制的合理运行;产教融合各部分协调发展整合则需要制度机制的保障;价值机制有着引导主体行动的作用,影响了产教融合系统的维系。①

(一)组织机制层面

建立有效的利益协调机制和激励机制,对产业学院的适应性功能和目标达成功能进行调适。在产业学院的运行过程中,学校、企业和政府都是利益的分享者,应建立民主平等、互惠共生和包容有效的利益协调和分配机制,具体而言:学校应成立专门的合作治理发展委员会,并在各主体之间搭建信息沟通、民主协商和利益表达机制,实现利益协调制度化。②此外,构建激励机制,激发多元主体的积极性。现阶段,单靠产业学院自身的吸引力可能不足以鼓励企业和社会多主体的参与,政府应提供多样化的政策优惠手段,营造良好的舆论效应,提高社会多元主体参与产业学院建设的积极性。

(二)制度机制层面

加强制度建设,完善顶层设计,发挥产业学院的整合功能。政府应结合新时代背景下产业的发展,在实践调研过程中了解各个主体的现实需求,并据此制定相应的法律法规,使得产业学院的发展有法可依。此外,建立多方投资渠道,加大对产业学院的资金投入,为推动产教融合提供物质保障。除政府的专项资金投入外,应积极鼓励、引导企业和社会基金等对职业教育进行经费投入,共同参与职业教育,动员社会各界力量支持职业教育的发展。

(三)价值机制层面

建立开放多元的高等教育理念,摒弃"学而优则仕"的唯精英教育的传统思想,包容促进职业教育的发展,发挥产业学院的系统维持功能。政府、官方媒体等应积极营造尊重职业教育、参与产教融合的社会氛围,引导树立大国"工匠精

---

① 刘忠京,王毅. 地方应用型高校产教融合机制架构与路径选择:结构功能主义与新制度经济学的耦合视角[J]. 教育评论,2021(10):53-57.

② 许文静. 整体性视域下产业学院内部结构的治理逻辑研究[J]. 中国职业技术教育,2018(29):12-16.

神",消除学生、学生家长、用人单位、社会大众对职业教育的歧视,为产业学院的建设塑造积极的文化氛围。

通过对产业学院功能建设的探索,积极发挥产业学院的正功能、挖掘产业学院的潜功能,消解、降低其负功能,推动产业学院的良性化发展。

第三节 场域理论视角:产业学院作为产教融合的场域

布迪厄是继福柯后法国又一有影响力的社会学大师,其代表理论是场域理论。布迪厄是一位"学术杂家",他在场域理论中融入经济学、政治学、文化学等相关的概念,构建其理论框架。在场域理论下,产业学院涉及两种不同的场域:高等院校所处的教育场域以及企业、行业所处的生产场域,产业学院是两个场域融合的平台和载体,并共同构建出了产教融合的场域。场域理论可以帮助我们更好地理解产教融合场域中的社会关系和特征,剖析现阶段产教融合面临的深层次问题,从而对产学研协同创新机制提出建议,推动产业学院的高质量发展。

一、布迪厄的场域理论与产教融合场域的特征

布迪厄将场域这一概念定义为位置间客观关系的一个网络或一个形构,这些位置是经过客观限定的。在高度分化的社会里,社会世界必然分化出不同的相对独立的小世界,这些小世界是具有自身逻辑和客观关系的空间,是内含力量、有生气、有潜力的存在。布迪厄的研究涉及多个场域,包括宗教场域、文化场域、教育场域等,其中资本是其场域理论的一个重要概念。每个场域内部都存在着资源的竞争和不同力量之间的对抗,而资源的获取取决于资本,资本只有在场域当中才能够发挥作用。布迪厄将资本划分为四种类型,分别为经济资本、社会资本、文化资本和象征资本。经济、社会、文化这三种资本类型可以相互转化、互动、联合,呈现出不同的象征资本。

从布迪厄的场域概念出发,教育场域可被定义为在教育者、受教育者及其他教育参与者相互之间所形成的一种以知识的生产、传承、传播和消费为依托,以

人的发展、形成和提升为旨归的客观关系网络。[①]而产业学院是产教融合的场域，一方面体现了"产"与"教育"的对接，涉及职业教育思想和体制构建；另一方面体现了"生产"（含服务和经营）与"教学"的对接，侧重于职业教育的教学模式和方法[②]。产教融合场域以"产"为基础，以"教"为支撑，实现多场域之间的耦合，多方协同育人。

产业学院主要是教育场域和生产场域两者的耦合。在高校所处的教育场域内，文化资本发挥着重要的作用，越靠近文化资本正极方向的次场域（如研究型的高等院校），越抵制经济的、政治的标准，并拥有较高自主性和较多的象征资本；相反地，越靠近经济资本正极方向的次场域，则越容易迎合经济需求和大众需要，自主性低且象征资本低。[③]而高等职业院校，在层次上具有"高等性"，注重文化资本的生产和传承；但在类型上具有"职业性"，决定了其需要经济资本的介入。

而在企业所处的生产场域内，经济资本起主导作用。企业所开展的一切行动，包括雇佣人员、购买生产设备、进行精细化管理等，都是为了提高生产效益，获得更多的经济资本。企业进行慈善等社会回馈行为，建立良好的企业社会形象，也是为了获取社会资本和象征资本，以将其进一步转换为经济资本。因此，对于经济利益的追逐是企业的内驱动力，经济资本是生产场域的重要资本。

从上述分析中可以看出，产业学院作为产教融合的场域，既有育人功能，也有服务经济社会发展的功能。企业作为"产"的一方，主要掌握经济资本，并希望通过经济资本获取文化资本，进一步实现经济资本的增值；而高校作为"教"的一方，主要掌握着文化资本，并通过文化资本获取经济资本。[④]随着产业学院内各类经济活动、教学活动的进行，教育场域和生产场域行动者之间的互动也越来越多，传统上的教育场域和生产场域的独立性被打破，不同场域之间的边界互相渗透，形成了新的产教融合场域。在产业学院这一产教融合场域中，经济资本和文化资本之间进行互相转换和再生产，从而实现资本的增值。

---

① 刘生全. 论教育场域[J]. 北京大学教育评论,2006(1):78-91.

② 杨毅仁,许志才,戴玉纯. 高职院校产教融合育人场域构建与应用[J]. 科技资讯,2022,20(6):114-120.

③ 唐林伟. 高等职业教育校企合作长效机制研究：布迪厄场域理论的视角[J]. 现代教育管理,2013(6):92-96.

④ 张国昌,胡赤弟. 场域视角下的高校协同创新模式分析[J]. 教育研究,2017,38(5):55-61.

二、产教融合场域的社会实践分析

场域、惯习、资本三者之间的内在关系构成了布迪厄独特社会实践理论的核心,场域、惯习、资本三个概念分别回答了实践空间是什么,实践逻辑是什么和实践工具是什么的问题。布迪厄认为,惯习是与阶级相联系的、历史的产物,是一个体现为开放性、生成性、偏好性的性情倾向系统。惯习受历史条件、社会环境的影响,也受个体先天身体心智和后天社会环境的影响。惯习既是特定社会条件的产物,反过来又形塑着社会现实,其在某个个体或群体的实践中产生,又影响着某个个体或群体的实践。惯习具有可持续性和无意识性,是内化于个体自身的,往往不需要刻意塑造。不同的生活方式、品位和消费方式会形成一定的阶级,不同的阶级拥有的资源量不同,惯习成为阶层区隔的标志,而资本占有量的多少则是阶级划分的标准。

产教融合场域内,不同的行动者凭借自身的惯习和资本,不断进行实践以维护自身所生活的场域。在布迪厄的社会实践分析框架下,培育产教融合实践的空间即为场域,场域是相关行动者进行社会活动和权力争夺的场所。这一场域涉及高校所处的教育场域和企业、行业所处的生产场域,该场域形成了自己的运行规则和结构形式,并对身处在其中的行动者产生相应的影响。机制建设是产教融合场域权力斗争的关键环节,生产场域与教育场域之间的壁垒需要建立相应的机制予以破除,[①]加速两个场域之间的融合。

培育产教实践的逻辑为惯习,在产教融合场域中,不同的行动者拥有不同的惯习,惯习的差异会进一步影响场域中惯习的培育。[②]不同行动者或行动者群体由于惯习的不同,在参与产教融合实践时采取的策略也有所不同。如企业行动者有明显的经济利益取向,而高校行动者则偏向社会效益取向和文化取向。

培育产教实践的工具为资本,在产教融合场域中,政府拥有强大的政治资本,通过社会公信力的提升使得象征资本不断增强;而高校拥有文化资本,通过不断提高人才培养质量实现文化资本的增值;企业则拥有经济资本,通过深度参与产教融合增加其社会资本和文化资本,并进一步完成对经济资本的增值。资

---

① 刘林山. 职业教育深化产教融合机制建设:基于布迪厄社会实践理论的视角[J]. 成人教育,2022,42(8):73-79.

② 刘林山. 实践理论视角下职业教育培育产教融合型企业存在的问题与对策[J]. 教育与职业,2020(6):20-25.

本能够通过互相转换和再生产进行增值,在产教融合场域内,各方行动者互相交换自身拥有的优势资本,运用策略进行资源争夺。

在场域内多方主体的实践行动下,产教融合场域育人机制具有三重逻辑:第一,主体逻辑。产教融合场域中不同的参与主体秉持着不同的惯习和优势资本,有着不同的利益诉求,因而展现出了更为复杂的个人策略和权力争夺。第二,市场逻辑。产教融合领域的各方利益相关者按照市场逻辑进行思考和行动。第三,教学逻辑。产教融合的根本目的在于通过理论与实践的结合进行人才的培养。教学逻辑聚焦于教学目标的行业性、专业建设的职业化、教学内容的职业标准性、教师队伍的"双师型"等内容。[1]

三、产教融合场域的现实阻碍与突破

现代产业学院仍处于探索阶段,从场域理论分析其面临的困境和现实阻碍,有利于我们进一步了解产业学院发展的不足并从中寻求突破,推动人才培养模式的创新,完善产教融合机制,推动产业学院发展。

(一)产教融合场域面临的现实阻碍

1. 办学主体关系不清,政府权力边界模糊

产业学院是一个多主体参与的产教融合场域,不同主体在场域中所处的位置和负责的角色是不同的。高校和企业作为办学的两大主体,两者之间的关系尚未厘清,两者的力量也处于不均衡的状态。由于企业在产业学院中的管理权、主动权不足,企业作为办学主体的意识尚未形成,校企合作关系仍然处于"企业冷,高校热"的僵局中,导致产教深度融合受到影响。此外,政府作为产教融合的重要行动者,其权力边界的界定过于模糊。一方面,如果政府调控机制在产教融合中"越权介入",必然会破坏市场体制优化教育资源与人力资源配置的基本格局;但另一方面,如果政府在产教融合过程中"过度放任",在一定程度上政府责任的"缺位"会导致产教融合过度偏向于营利性而忽视人才培养的价值定位。[2]因此,

---

[1] 杨毅仁,许志才,戴玉纯. 高职院校产教融合育人场域构建与应用[J]. 科技资讯,2022,20(6):114-120.

[2] 岳敏敏,董同强. 职业教育产教融合:桎梏与引导:基于布迪厄的场域理论[J]. 职业技术教育,2021,42(1):45-49.

政府部门的适度管理引导对于现代产业学院的发展来说至关重要。

2. 场域资本竞争过度,育人成效尚不显著

现代产业学院建设的主体场域是文化知识生产的教育场域,但场域内各种资本的结构关系变化导致以人才培养和知识生产为表征的文化资本被更多的权力资本和经济资本所裹挟,利益的竞争和交换在场域内持续发生。[①]当场域内资本结构失衡时,文化资本所处的核心位置受到压力和威胁,让位于权力资本和经济资本,此时教育的本质在一定程度上受到威胁,产教融合场域原本的育人目标可能会发生偏移,不利于整个产业学院系统的良性运转。

3. 行动者惯习固化,机制革新困难

惯习是内化于个人的、在潜意识层面发挥作用的持久的、可转移的禀性系统。产教融合场域中的行动者惯习固化表现在:企业参与产教融合的积极性不高,固守以往企业发展路径;职业院校行为方式深受学术惯习思维的影响,如教师由于接受普通教育、长期进行理论知识学习而缺乏生产实践,其技术能力难以达到产教融合的要求[②];长期受固化社会观念影响,学生和家长依然希望通过专升本等方式回到普通高等教育场域。此外,产业学院的组建机制守旧,依然遵循传统的学科专业发展逻辑,不适应当下的人才培养需求。

(二)产教融合场域的困境突破

1. 明确各方主体责任

从政府、高校、企业的各自属性和组织功能出发,明确各方定位和职责。政府应发挥引导作用,建立健全的法律法规,明确规定参与产教融合多方主体的责任、权利和相应义务。强化企业的主体地位,通过共同进行培养方案、课程体系和评价体系的建设,让企业能够真正参与到人才培养的各个环节中,落实校企在产教融合中的"双主体"地位。

2. 调整场域内权力结构,建设人才培养体系

进行场域内的制度建设,调整权力结构,围绕产业发展健全需求导向的人才

---

① 邱飞,钱光辉. 场域理论视角下现代产业学院建设的现实困境与路径突破[J]. 应用型高等教育研究,2022,7(2):28-34.

② 刘林山. 实践理论视角下职业教育培育产教融合型企业存在的问题与对策[J]. 教育与职业,2020(6):20-25.

培养结构调整机制,通过宏观统筹、院校沟通协调,建设资源共享、"中高本"衔接平台等,促进资源集聚,形成专业自我发展机制。[①]通过相应的制度建设,平衡各方的权力关系,并使得各方共同目标聚焦在高质量技术人才的培养上。

3. 培养行动者惯习,进行体制革新

要转变政府部门、企业、高校领导者固有的管理观念,政府应进一步加强产教融合宣传,引导企业认知产教融合背景下参与产业学院建设的必要性;培育学校中管理者、教师和学生对产教融合场域中企业主体性的认同;高校应打破传统产业学院的组织模式,遵循产业行业发展需求的逻辑,关注产业发展前沿,找准产业学院自身优势与区域经济发展的契合点,使学科和专业建设与产业转型升级相适应,更好地对接产业链。

第四节　共生理论视角:产业学院的共生系统

"共生"这一概念最早于1879年由德国植物学家德贝里(Anton De Barry)提出,用来指代两种生物间形成的紧密的互利关系。生物学家马古利斯(Lynn Margulis)认为生命并不像达尔文进化论所说的那样被动、消极地去适应环境,而是主动形成和改造它们所处的环境,实现和新的生命体的有机共生。共生的现象不仅存在于生物界,也普遍存在于社会系统当中。因此,共生理论也引起了其他领域学者的关注,并将共生的概念进一步运用在经济管理领域和社会领域当中。

在共生理论视角下,产业学院中的多主体之间形成了一种共生关系。本节以共生的概念分析产业学院的相关机制以及现阶段面临的共建困境和出路。

一、共生理论与职业教育

共生不仅是一种生物现象,也是一种社会现象;不仅是一种自然状态也是一

[①] 林仕彬. 产业学院组织变革及制度逻辑分析[J]. 广东职业技术教育与研究,2021(4):172-174.

种可塑状态。①共生系统的三个基本要素是共生单元、共生关系和共生环境。共生单元指的是，共生体或共生关系能量生产和交换的基本单位，是形成共生体的基本物质条件。共生关系是共生单元相互作用的形式，反映共生单元间物质、信息、能量相互作用的方式和强度。共生环境则是共生关系发生的环境，是共生单元进行物质、信息、能量传导的载体。

以共生理论为基础进行产教融合的研究，应进行基于上述基本要素的分析：将学校、企业和学生作为利益共生主体，也是形成共生体的基本资源生产和交换单位，即共生单元；②产教融合主体间的相互依赖、相互作用、相互制衡的关系，即共生关系；产教融合参与的主体涉及政府、学校、行业、企业、教师、学生、企业职工、社会第三方等多个性质不同的组织机构或个体的利益诉求，包括政治、经济、社会环境等周边因素，即共生环境③。

从共生单元的利益分配来看，共生模式可分为三类，包括寄生、偏利共生和互惠共生。寄生模式下，共生体不会产生新的能量，能量是单向流动的，并且一方向另一方无偿提供能量。偏利共生模式会产生新的能量，但新能量只有共生的其中一方获得，对另一方来说既无利也无害。互惠共生模式下，新能量可以在共生单元之间进行分配，对各共生单元来说都是有利的。从这三种共生模式来看，高校和企业之间应当构建互惠共生的校企命运共同体，形成利益双向交流机制。重构校企关系能够对推进经济高质量发展、深化教育改革、培育市场创新主体产生积极作用，并且顺应了教育改革要求，从而提高职业教育的影响力和竞争力。④

职业教育的产教融合系统主要从三个方面进行其核心主体关系的构建：调动主体成员的积极性，形成灵活的共生关系，实行科学的管理方式。⑤各方主体应对共生关系形成认知，并发挥自身的优势，以积极态度面对合作，形成彼此之间的信任关系，在合作基础上创造更多的价值。此外，高校和企业在形成长期的一体化合作之前，可以先在小范围内实现合作，根据自身情况灵活调整共生的模式，在不断合作的基础上形成牢固可靠的共生关系。同时，企业和高校应明确彼此责任和义务，在管理过程中对数据、信息等进行共享，及时对产生的问题进行

---

① 袁纯清. 共生理论：兼论小型经济[M]. 北京：经济科学出版社,1998.

② 李强. 基于共生理论视角的产教融合共同体构建[J]. 继续教育研究,2021(11):96-100.

③ 邵云飞,詹坤,钱航. 共生理论视角下高校协同创新共生一体化研究[J]. 科技进步与对策,2015(4):150-154.

④ 赵晓芳. 职业教育校企命运共同体：理论逻辑、内涵特征与行动路径[J]. 职业技术教育,2021,42(25):69-74.

⑤ 封晔. 高职院校产教融合核心主体共生机制构建[J]. 继续教育研究,2022(12):89-92.

沟通,用更加科学的管理方式进行共生体的培育。

职业教育系统中的共生主要指的是校企双方这两个共生单元之间相互激活、互相适应、共同发展的过程,下文会具体讨论校企合作的重要载体产业学院中的共生系统,明确产业学院协同共建的困境及突破之路。

二、共生理论视角下产业学院的共生机制

目标与利益诉求的耦合是多主体之间能够实现共生的基础,作为产教融合的新形态,产业学院具有典型的跨界融合特征,"目标分离-利益耦合"是产业学院运行的一种常见关系形态。① 具体而言,高校的目标是通过资源整合提高人才培养质量;企业的目标是获得高质量人才和创新技术,提高经济收益;地方政府的目标是推动区域经济发展。由此可见三个主体之间的目标是分离的,但三者在利益诉求上有一定的重合之处,三者目标的实现都离不开人才培养和技术创新,离不开产业与教育的深度融合发展。因此,利益诉求上的耦合奠定了产业学院多元主体共生的基础。

运用共生理论分析产业学院建设的动态复杂过程,探究共生单元在共生环境中的运作,可以将产业学院的共生机制分为以下几种:联动机制、演化机制和影响机制。

(一) 联动机制

联动机制指系统内共生单元的互相协调合作。从共生理论的视角出发,按照米切尔利益相关者维度划分法,高校、企业、政府是产业学院中的确定型利益相关者,三者共同构成了产业学院共生系统中的共生单元。各共生单元之间优势互补,进行分工合作,如高校提供科研和技术创新要素,企业提供资金、设备和管理经验,政府提供政策和财政支持。共生单元间相互协同合作,形成联动机制,才能够保证产业学院在协同共建中共生关系的持续发展。

(二) 演化机制

演化机制指现代产业学院协同共建的共生模式的演化。从组织角度来看,

---

① 宋瑾瑜,张元宝. 共生理论视域下产业学院共生发展的困境与路径选择[J]. 教育与职业,2021(23):58-63.

共生模式分为点共生、间歇共生、连续共生和一体化共生四种共生组织模式。点共生模式的合作时间短、合作对象不明确；间歇共生模式合作时间较长、频率较高，但合作领域仍没有全面覆盖；连续共生模式下，共生单元之间能够开展更多领域的合作，共生单元之间由无序混沌的状态到有序稳定转变，共生模式也向一体化模式演进。[①]一体化的互惠共生模式可以实现物质、能量、信息的转换，各共生单元之间能够实现优势互补、资源共享和利益耦合，是产业学院共生系统的理想共生模式。

（三）影响机制

影响机制指的是现代产业学院协同建设的共生环境。共生环境由可影响共生单元行动的各因素构成，对共生系统的运行能够起到促进作用或阻碍作用。在现代产业学院建设的过程中，共生环境包括政治环境、社会文化环境、经济环境、自然环境等，这些共生环境影响了共生单元的行动和共生模式的形成及发展。共生环境具有明显的外在性、不确定性和难以抗拒性，正向的共生环境能够促进共生系统内外均衡发展，反之，逆向的共生环境则会阻碍共生系统的进化发展、破坏原有共生系统的稳定性。因此，现代产业学院的建设要努力营造良好的共生环境，积极促进共生系统的有序运行。

三、产业学院协同共建的困境与出路

共生理论为我们提供了一个产业学院协同共建的分析框架，有助于帮助我们从共生的视角进一步理解产业学院现阶段面临的困境，并在此基础上寻找有效的突破之路，推动产业学院共生系统持续发展。

（一）产业学院协同共建的困境

1. 共生单元动力不足

现代产业学院在现阶段仍然是新兴事物，受传统办学模式的影响，共生单元间的资源供给和需求之间的矛盾突出，共生系统各单元之间尚未形成有效合作，

---

① 聂雪霞,李化树,马欣灵. 共生理论语境下现代产业学院建设的困境及路径探析[J]. 文教资料,2022(7):159-163.

无法进一步形成优势互补、互惠共生的秩序。具体而言,产业学院校企合作"壁炉现象"突出,表现为学校教育"独角戏"、企业用人"搭便车"、政府如同"旁观者",其本质是企业和地方政府参与校企合作的积极性和主动性不足。[①]现代高职院校作为产业学院的办学主体,在办学过程中对专业设置、课程体系、人才培养等方面具有排他性,影响了其他办学主体的参与程度,降低了其他共生单元的积极性。

2. 共生模式低效

共生模式决定了现代产业学院的能量生产和利益分配。由于产业学院还在实践探索阶段,其各方面机制尚不完善,因此在产业学院的共生系统中,共生单元之间的利益联结不够紧密,共生组织模式多呈现为点共生或间歇共生,行为方式多呈现为寄生式或偏利式共生模式,[②]尚未形成一体化的互惠共生模式。现阶段产业学院的主要运行模式是"一元主导,多元参与",因此,产业学院的参与主体并不是基于内在需求与命运共同体基础上的合作共建,而是一种以利益为纽带而结成的非对等性合作关系。[③]在这种运行模式下,利益分配机制的不均衡导致共生单元中的某一方获得利益较多,而获利较少的一方由于自身诉求得不到满足,对后续合作和投入会表现出消极的态度,对产业学院的发展质量产生不利影响。

3. 共生环境支持不足

产业学院的外部环境因素包括政治制度、文化制度、经济发展、法律法规等多重因素。其中,教育政策能够促进共生系统内部共生行为和共生模式的构建,对现代产业学院建设的影响最为明显。但现阶段,政策设计层面存在"上下衔接"的问题,对产业学院建设的相关政策规定缺乏落实到地的具体措施和细则,导致地方在执行时标准不一,因此在地方间存在明显的发展差异。此外,产业学院建设政策的落实需要行业、产业、财政等多个部门的配合支持,而现阶段缺乏相关的配套措施来进行多方面的协调,容易造成部门间的冲突和责任相互推诿。

---

① 张元宝. 地方高校产教融合的困境与出路:共生理论视域下问题的探讨[J]. 中国高校科技,2021(10):82-86.

② 黄倩华,易丽. 共生理论语境下现代产业学院协同共建:困境与出路[J]. 高等职业教育探索,2022,21(1):15-20.

③ 宋瑾瑜,张元宝. 共生理论视域下产业学院共生发展的困境与路径选择[J]. 教育与职业,2021(23):58-63.

(二) 产业学院协同共建的出路

1. 优化共生单元,建立有效的资源匹配机制

高校应当积极转变人才培养观念,主动让渡一部分权力,使得企业也能够全面参与到高校的课程设置、教学过程和课程体系当中,将教学和产业深度融合在一起,培养高质量的复合、应用、创新型人才。企业应当积极履行社会责任,共同参与人才培育,结合产业发展需要,积极挖掘多种异质性资源,不断丰富合作内容、拓宽合作领域。[1]通过发挥高校和企业等共生单元的比较优势,能够有效地进行资源配置并降低成本。如在校企合作过程中为企业个性化定制人才培养,能够提高服务合作企业人力资源的专用性,毕业到岗学生岗位适应性强、工作效率高,降低了企业人力资源成本。[2]

2. 形成一体化的互惠共生模式,提高共生模式效率

对于产业学院的建设来说,应当构建一体化机制:专业职业一体化,即专业设置与职业岗位相适配;社会责任一体化,即发挥育人功能的高校和追求经济效益的企业共同承担社会责任;条件保障一体化,即实现资源的统一规划和调配;运行机制一体化,即多元主体之间应建立起共商共建共管的组织框架,最终实现人才培养、社会服务、技术创新的一体化。[3]在产业学院建设过程中,要明确各共生主体之间的权利和义务,寻找各共生主体之间利益的耦合点,建立弹性激励机制,并以契约的方式确定下来,促进产业学院的共生模式向互惠共生方向发展。

3. 完善共生环境,健全现代产业学院的政策体系

首先要建立"上下衔接"的政策体系,中央和地方政府在制定相关政策时要做到上下一致,细化规定使之具有可操作性,并确保政策能够执行到位。其次是落实相关配套政策,产业学院的建设本身是跨界行为,政府应当制定一些相关的激励政策,引导其他部门尤其是产业部门积极配合、主动参与到产业学院的育人过程中。

---

[1] 聂雪霞,李化树,马欣灵. 共生理论语境下现代产业学院建设的困境及路径探析[J]. 文教资料,2022(7):159-163.

[2] 刘览,孔原. 共生视角下的高职产教融合平台建设研究[J]. 江苏科技信息,2022,39(27):60-64.

[3] 王春利,孙丹丹,徐瑶."五个一体化"现代产业学院新模式建设研究[J]. 现代教育科学,2021(4):149-156.

第四章

产业学院建设的实然

- ⊙ 探索混合所有制下产业学院的办学模式
- ⊙ 创新混合所有制产业学院人才培养模式
- ⊙ 组建"双师双能型"高素质师资团队
- ⊙ 打造基于产业学院的技术技能创新服务平台

第一节 探索混合所有制下产业学院的办学模式

混合所有制是指不同的产权主体多元投资、相互渗透、相互贯通、相互融合而形成的经济形式。国内开展的混合所有制改革是为适应建立完善的社会主义市场经济体制而提出来的。受社会经济以及政策的影响,混合所有制从经济领域向教育领域延伸。高职院校混合所有制改革是指将不同所有制在高职院校内部进行组合,将国有资本、集体资本、民营资本以及外资等不同性质的资本进行融合,通过不同产权主体的介入和新形态办学体制的构建推动实现人才培养目标。

借鉴经济领域的改革经验,2014年颁布的《国务院关于加快发展现代职业教育的决定》明确:为各类办学主体提供多元资本获取途径,以独资、合资、合作等多个类型,积极推进民办职业教育的发展;指出:在不同所有制发展阶段,建立新的股份制、混合制职业学院是现代职业教育发展的途径,通过对资本、知识、技术、管理等要素的综合分析,认定其参与办学应享有合理权利。"混合所有制"经过该文件的认定,为现代职业教育带来更广阔的发展空间。教育部等六部委编制《现代职业教育体系建设规划(2014—2020年)》后,混合所有制改革试点有力推进民办高职院校发展,混合所有制办学将推动高职院校进入新空间。

早在2005年,《国务院关于大力发展职业教育的决定》指出:"公办职业学校要积极吸纳民间资本和境外资金,探索以公有制为主导、产权明晰、多种所有制并存的办学体制。"职业教育混合所有制办学模式根据主体的不同组合形式,包括公办资本为主体的混合所有制学校、民营资本为主体的混合所有制学校以及混合所有制二级学院。在二级产业学院层面上进行混合办学是最常见、最易实施、最易治理的一种形式。如江西省投入2000万元建设4个省级混合所有制二级学院,福建省支持举办混合所有制性质的二级办学机构。如杭州职业技术学院与达利公司、友嘉集团等企业合作共建达利女装学院、友嘉机电学院等7个具有混合所有制性质的二级学院,沈阳职业技术学院引入社会资本6000多万元,共建国家示范性软件学院等。

一、混合所有制产业学院的建设价值

(一) 符合当前职业教育高质量发展的根本要求

高职院校产业学院作为职业教育混合所有制办学模式中的典型样板,其产生和发展不仅是高职教育更好适应我国经济社会发展的现实要求,也是高职教育培养更多高素质技术技能人才的内在需要。基于混合所有制改革建设高职院校产业学院,从增强高职教育的适应性和提高技术技能人才培养质量两个方面反映了职业教育改革的发展趋势。

为适应新时期我国经济发展过程中出现的新阶段性特征,高职教育以深化产教融合、校企合作作为方向和引领,适时引入经济领域混合所有制改革的理念和模式,建设更加现代化、经济属性更加多元化的混合所有制高职院校产业学院。这是高职教育适应经济改革趋势、适应经济社会高质量发展要求的具体体现。

建设混合所有制产业学院,是办好高职教育、提高技术技能人才培养质量的内在需要。《国家职业教育改革实施方案》(以下简称"职教20条")明确提出要"推进高等职业教育高质量发展,人才培养要坚持知行合一、工学结合"。长期以来,我国高职教育重理论轻实践的问题突出,所培养的技术技能人才难以完全匹配和满足行业产业的用人需求,不仅制约了职业教育促进社会就业功能的正常发挥,也在一定程度上影响了我国产业转型升级以及现代化发展的进程。基于混合所有制产业学院,通过高职院校和行业企业联合举办职业教育的方式,促进产教融合、校企"双元"育人,是贯彻落实"职教20条"的要求,也是提高技术技能人才培养质量的内在需要。

(二) 促进职业教育办学体制机制的多元创新

深化办学体制改革和育人机制改革,以促进就业和适应产业发展需求为导向,鼓励和支持社会各界特别是企业积极支持职业教育,是"职教20条"提出的总体目标和工作要求。《职业教育提质培优行动计划(2020—2023年)》也提出要"优化职业教育办学体制机制"。在市场经济体制下,建设混合所有制产业学院,吸引更多的产业组织、行业企业参与高职教育办学,将有力推动高职教育资源的优化配置,促进职业教育办学体制的多元创新。

混合所有制产业学院建设,有利于健全多元化办学格局。推动职业教育由政府举办为主向政府统筹管理、社会多元办学的格局转变,由参照普通教育办学模式向企业社会参与、专业特色鲜明的类型教育转变,是新时期我国职业教育办学体制创新的基本方向。混合所有制产业学院,是在高职教育领域内实现由公有资本(国有资本和集体资本)与非公有制资本(民营资本和外国资本)共同投资参股而创造的全新的办学模式,这种办学模式以制度化的方式,从财产权上确立了高职院校与行业企业的一体化关系,为学校和企业的深度融合扫清了体制和制度层面的障碍,为健全职业教育多元办学格局营造了优越的制度环境,有效促进了职业教育办学体制的多元创新。

混合所有制产业学院建设,有利于建立多元共治的现代职业教育治理体系。职业教育治理体系是与职业教育办学机制紧密相关的框架系统,从某种意义上来说,职业教育办学机制决定着职业教育治理体系的构建方式,而职业教育的治理体系反过来影响着职业教育办学机制的实施和运作效率。

混合所有制产业学院,实质上是产业资本通过投资入股的形式参与举办高职教育,在财产权上明确了产业学院对于行业企业的隶属关系,为行业企业参与高职教育治理提供了充分的逻辑合理性,也为行业企业融入高职教育人才培养全过程创造了现实条件。以混合所有制的制度作支撑,行业企业成为高职教育的重要办学主体和育人主体,在高职教育办学和育人过程中确立了"主人翁"的地位,由此为高职教育建立多元共治的现代职业教育治理体系奠定了坚实的制度基础。

(三) 激发高职教育产教融合的内生动力

混合所有制产业学院,从体制机制层面破除了高职教育产教融合、校企合作实施过程中一直存在的校热企冷的"壁炉"现象,从更深的层次激发了高职教育产教融合的内生动力。

混合所有制产业学院建设,有利于保障企业投资举办高职教育的资本权益。我国职业教育领域的产教融合长期流于表面形式,校企融合程度不深成为职业教育改革发展过程中的"老大难"问题。究其原因,主要由于企业参与举办职业教育的投资成本高,资本权益却缺乏法律和制度层面的保障。通过建设混合所有制产业学院,借鉴经济领域混合所有制改革的成熟方法"改造"职业教育办学模式,赋予企业在投资举办职业教育过程中充分的财产权利和治理权利,可以从制度上保障企业投资举办高职教育的资本权益,从而激发企业参与举办高职教育的强大内生动力。

混合所有制产业学院建设,有利于增强企业的市场竞争力。大力建设和发展混合所有制高职产业学院，为企业增强市场竞争力带来了多重利好。一方面，高职产业学院通常是基于行业企业的特定用人需求而举办的，可以说是为行业企业"量身定制"地培养技术技能人才，这样既降低了企业的员工培训成本，也提高了企业的人力资源质量；另一方面，高职院校与行业企业联合举办混合所有制产业学院，在产业学院的运行发展过程中，涉及高职院校与行业企业在技术、人才、资本等方面资源的整合，企业在此过程中能够获得来自高职院校的技术、科研等资源的支持，享受到高职院校提供的多元化专业服务，这对于巩固企业的市场竞争优势具有十分积极的意义，由此自然会为企业参与产教融合、校企合作注入强大内生动力。

二、混合所有制产业学院的建设模式

（一）多元投资校企混合共建模式

即由政府、学校和企业等多元投入，共建产业学院的模式。这种产业学院的特点是，学校依据地方政府、所在区镇、企业的发展规划和发展需求，主动对接产业集群的人才需求，调整学校的专业设置，形成专业优势对接产业集群人才需求的产业学院建设模式，有效缩短了学校和企业的时空距离。例如：中山职业技术学院就是依据中山市、区、镇产业集群人才需求的新特点，面对中山"一镇一品"的产业布局及产业集群人才需求的变化，不断调整学院的专业方向，建成了古镇灯饰学院、沙溪服装学院、南区电梯学院和小榄工商学院等四所产业学院，有效地缩短了学校和企业的时空距离，便于学校及时更新教学内容，将产业中最新的技术和管理融入课堂，有利于企业吸引优秀毕业生就业。

（二）校企混合所有制二级产业学院模式

学校、企业共建等同于二级学院的产业学院，形成校企混合所有制二级产业学院。高校和企业为了弥补各自的短板，更好地发挥各自的优势，以实现共同发展为目标，共同投资建立的产业学院。其特点是高校某特定专业以特定行业中的龙头企业为依托，实现人才共享、资源共用、信息互通，利用龙头企业的资源优势实现自身发展，专业结构得到了优化，专业建设水平和层次得到了提高。例如，辽宁职业技术学院依据其在机电专业方面的优势，与辽宁曙光汽车集团合作建立以汽车产业为服务对象、专业设置紧密围绕汽车产业链的二级产业学院——黄海汽车工程学院;又如上海工艺美术职业学院的市场营销传播学院等。

(三) 梯级承接体系发展模式

由高校到二级学院,再到产业学院,形成梯级承接体系。这种模式的产业学院是位列于各二级学院之后,作为学校的三级学院管理而存在的产业学院。在二级学院的框架下,利用二级学院特色显著、对口程度较强的各专业开办产业学院,相当于二级学院下设了"三级学院"。同时在人权、财权、事权等管理方面采用梯级的下放与承接体系,采取具有实效性、创新性与监控性的建设方式,实施混合所有制管理模式办学。例如:广东轻工职业技术学院,开展了撤系建"院"的调整,按照专业群设置了10个二级学院。其中二级学院机电技术学院中的机电一体化、电气自动化优势专业,与广州达意隆包装机械股份有限公司建立了达意隆智能装备产业学院,实现职业学院到二级学院再到产业学院的三级管理建设的梯级承接体系发展模式。

(四) 联合推进体系发展模式

学校与企业合作将产业学院建在企业所在地,形成理事会管理模式。其特点是学校与企业联合共建产业学院,产业学院则作为产教融合、校企合作的产学研基地。在产业学院基础上,学校二级学院各专业与产业学院所在产业园区对应企业链接,开展二元主体建设与管理、企业师傅与学校专任教师二元教学,形成学生与员工二元身份衔接的格局。同时学校二级学院以产业学院育人基地为中心,与基地周围其他企业开展产教融合实践活动,继续推进产业学院管理体系发展,进行专业与企业对接的深度合作共建。此模式可实现"精准育人",形成实体经济、科技创新、现代创新、人力资源协同发展的产业体系,既精准培养了人才,又增强了产业核心竞争力。例如:广州科技贸易职业学院在产业学院建设实践中,本着将学校建在企业里,将专业建在产业上的原则,在广州开发区科学城与光宝有限公司合作共建了光宝产业学院,再由学校各二级学院结合专业优势满足光宝产业学院及其周边的企业需求,实现产业学院联合推进体系建设模式。

三、混合所有制产业学院的运行模式

(一)以强化顶层设计为引领

高职院校要清晰学校人才培养目标定位,强化高职院校的办学理念、治理模式建设,围绕地方经济发展建设需求,精准对接地方支柱产业,聚焦质量和效益。高职院校建设产业学院应具备三个方面的顶层设计。

第一,办学的开放度是高职院校办学理念及定位的重要基点,高职院校应打破在校中办教育的思维定式,创新开放办学机制体制,大力推进协同育人。

第二,高职院校应面向区域优势产业集群,结合学校实际情况,按照"高校＋领军企业＋行业协会"共同举办的模式,吸引校内外各方面的资源与各类企业、地方政府和行业协会等紧密开展产教融合,共同培养高素质技术技能人才。

第三,高职院校应积极开展基于产业学院建设的教育教学改革,以协同创新为引领,围绕区域支柱产业,将专业(群)与服务产业的特定对象相匹配,开设各类"产业特色创新班"或"订单班",创新人才培养模式。

(二)以完善组织架构为支撑

高职院校需要形成良好的运行管理机制,建立健全产业学院运行的组织、执行和监督机构,强化多元主体深度合作和协调发展。高职院校要成立产业学院管理领导小组,明确各机构职能;应出台《产业学院建设工作实施方案》和《产业学院专项经费管理办法》等相关规章制度;应引导各二级学院主动面向区域、面向行业、面向产业办学;应成立产业学院理事会。相关二级学院应成立产业学院管理委员会或理事会,委员会或理事会由学校与地方政府、行业协会或企业等合作单位共同派员组成,共同制定产业学院长远发展目标和经营策略;可设立教学与实训部、产品工程部、培训部等相关部门;可设院长一名、副院长若干名,负责产业学院相关政策及业务的执行、指导、协调等事宜。

(三)以聚焦工作内容为关键

现代产业学院以其与二级学院融合合作为基础,以专业(群)建设为媒介,以"课程模块化"为手段,通过"五共"措施推进人才培养模式改革实践,培养高素质技术技能人才。

1. 师资共培,打造双师型教学团队

产业学院可以聘请一批企业技术高手和技能大师负责课程、教材的研发和教学工作,企业高管、大城工匠、职业经理参与学生培养过程,让学生能及时学习前沿技术知识。同时外派一批中青年教师到企业参加技术开发、推广应用,实行"双聘双挂"制度,提高教师的专业应用和实践能力,实施学校、企业双导师制,实现双主体育人。

2. 课程共创,制定层级式人才培养方案

产业学院基于职业岗位能力的多元化和市场需求的导向,以学生职业生涯发展为目标,探索制定针对产业班学生的层级式、个性化人才培养方案,优化课程体系,会同行业企业开展专业核心课程的开发和审定,加大实践课程比重,与行业企业共同编写并出版教材。二级学院根据实际情况及时调整相关专业的教学计划,实行专业、企业"双元"培养制度,注重双导师教学过程管理和评价。

3. 项目共研,搭建产学研用服务平台

产业学院与企业共建产品研发、技术服务团队,与企业共建实训(实验)室、技能大师工作室等。学校就联合申报校企合作、协同育人、科技等各类项目以及共建研发平台与企业签订战略合作协议,促进科研成果转型落地,实现科技资源的开发与共享,强化"产学研用",探索适合产业学院产品转化盈利模式,提高学校的社会服务能力。

4. 就业共助,凸显创新创业人才培养

合作企业不仅是实习单位、用人单位,更是育人单位。学生直接参与企业项目,通过搭建实践交流平台,满足学生在实训、实习和工作中的住宿和生活要求,由学生直接转为学徒、准员工,企业对"产业班"优秀学生采取优先实习、优先就业的人才培养和选聘机制。产业学院开设创新创业课程,设置创新创业学分,注重专业技能和职业发展的培训,积极组织学生参加基于企业技术和社会需求的竞赛,以技术技能竞赛引导和检验学生能力素质培养效果。

5. 资源共享,建设校企发展共同体

资源配置最优化、社会效益最大化是建设紧密结合、协同发展的校企协同发展共同体的核心内容,企业将技术研发创新中心、技术咨询智库中心、培训基地等建在高职院校中,面向校园浸润企业文化,充分利用高职院校的人力资源和相关技术服务资源。在政策、市场和资本等要素的影响下,产业学院充分利用共建共享的各种资源和要素为高职院校人才培养服务,发挥运用专业技术协同创新、

企业员工培训、咨政服务等功能。

四、混合所有制产业学院的建设途径

（一）校企深度合作的管理组织架构是混合所有制的建设基础

混合所有制产业学院作为面向特定产业培养高素质复合型、创新型技术技能人才的独立性教育载体，是高职院校与企业深度融合的产物。

一方面，混合所有制产业学院是由校企共同投资办学，参照混合所有制企业的建设模式而产生的新型职业教育办学模式。高职混合所有制产业学院通常由行业企业提供资金、生产场地、服务设施、物料、技术体系、经营体系、能工巧匠以及其他产业资源等参与举办高职教育，由公办高职院校提供办学空间、部分实训设施、实验室、非财政资金、师资、校名校誉、知识产权等资源，与企业联合办学。校企双方主体共同拥有混合所有制产业学院的产权，依据各自的出资额以及其他相关资源的市场价值，以平等协商、签订契约的形式，明确双方所占的股份比例。

另一方面，混合所有制产业学院由校企共建共享教育资源。高职院校与行业企业共同创办混合所有制产业学院，主要是为了培养高素质复合型、创新型技术技能人才。围绕这一目标，企业需要按照技术技能人才培养的要求，改造自身所拥有的产业资源，以便为人才培养服务；同样，高职院校需要改革自身的教学体系，使之与校企"双元"育人的新模式匹配。总而言之，"校企双方整合自身资源，充分发挥协同育人效应的过程，就是校企共建教育资源的过程。"校企合作通过共建共享教育资源，不仅能够实现资源互补、信息互通、人才共享、文化融通，也有利于促进人才供给侧与需求侧的无缝对接。

（二）培养岗位适用的人才是混合所有制的根本目标

高职院校与行业企业联合举办混合所有制产业学院，根本目的在于培养人才，并更加注重人才培养的针对性和适应性。我国高职教育一直在不懈地探索和实践培养针对性、适用性强的人才，探索出了现代学徒制、企业新型学徒制、订单式培养、定向培养等众多校企"双元"育人模式，而混合所有制产业学院是现阶段我国高职教育精准培养人才最为典型的办学模式。

行业企业通过直接与高职院校联合办学，凭借自身所掌握的产业资源来开展实践教学,高职院校学生一入学就成为行业企业的准员工,熟悉企业的工作环境,学习企业的组织文化,接受企业管理者和技术骨干的培训,毕业后可直接进入企业就业,极大地增强了高职院校人才培养的针对性。

在提升人才培养针对性的同时,高职混合所有制产业学院办学也显著增强了人才培养的适应性。高职院校与行业企业联合举办混合所有制产业学院,面向产业发展定向培养高素质技术技能人才,不断满足产业、行业对高素质技术技能人才的要求。

(三)互利共赢的共同愿景是混合所有制的运行保障

学校和企业分别作为教育主体、产业主体的代表,双方主体能够建立起长期稳定、深度融合的战略性合作伙伴关系,根本在于合作办学能够为双方都带来相应的效益,这是产教融合、校企合作得以实现的内在逻辑。同理,高职院校与行业企业联合举办混合所有制产业学院,是因为与常规性的校企合作相比,校企双方通过一体化办学,能够为自身带来更显著的利益,真正实现互利共赢的目标追求。可以说,混合所有制产业学院有利于校企间的互利共赢。

从学校的角度出发,建设发展混合所有制产业学院,有利于获得企业的实训资源,依托企业的技术攻关项目提高自身的科研能力等。

从企业的角度出发,建设发展混合所有制产业学院,可以有效降低技术技能人才的招聘和培养成本,获得高职院校的技术服务和科研资源,帮助自身提升产业研发能力、技术升级能力等。高职混合所有制产业学院在办学过程中,能真正地发挥校企双方资源互补的优势和合作办学的协同效应。

以互利共赢为追求,是内植于混合所有制产业学院办学模式的根本特性,更是其长远健康发展的根本保障。高职混合所有制产业学院在实现校企互利共赢的基础上,还能够兼顾利益相关者的利益诉求。在高职混合所有制产业学院建设过程中,除了学校和企业之外,政府、行业组织、学校师生等都是重要的利益相关者,而以上相关主体的利益诉求的实现,建立在校企互利共赢的基础上。高职院校与企业在共同举办和建设混合所有制产业学院的过程中,能够满足地方政府落实产业政策、民生政策的需求,行业组织的组织建设需求,教师的专业能力发展需求,学生的职业发展需求等。

从服务功能来看,产业学院的建立和运行不仅能开展相关专业的技能人才培养,同时也能进行相关专业的技术研发、师资队伍和企业人才的交流和互通、提供人才培训和进修的多种渠道和平台等多项功能。这也是产业学院在产业服务具有针对性的基础上展现出的另一特征。

五、混合所有制产业学院的建设机制

（一）强化产权治理，降低内部交易成本

2015年，教育部在《关于深入推进职业教育集团化办学的意见》中指出："探索集团内部产权制度改革和利益共享机制建设，开展股份制、混合所有制试点。"这说明，产权制度改革是混合所有制试点的前提性条件。产权制度是一个经济学术语，目的在于"确定或规范某一组织的产权体系与产权法定主体之间责、权、利等关系，并明晰该产权体系内的各种权益关系"。当然，产权制度设计的差异会影响组织内部产权主体之间的责权利关系，也会影响主体参与的积极性和整个组织的运行效率。因此，在法律框架内的创新型产权制度可以有效控制或降低组织的交易成本，形成创新性生产力。另外，所有经济社会中的经济主体都是彼此依存的，这就决定了不同经济主体之间存在利益竞争，产权制度则可以帮助他们根据产权结构来确认自身资源的投入和收益水平，实现有序的利益竞争与地位巩固。

从制度设计来看，决策者之所以提出要建设混合所有制产业学院，目的在于降低校企合作双方的交易成本，内部交易成本的实质是内部不同主体之间为达成行动一致而产生的内部利益损耗，或者为协调内部主体之间矛盾而产生的成本。高职院校面向市场办学的开放程度较高，混合所有制产业学院与市场的结合程度更高，这需要建立权责明确的产权制度来进一步规范各产权主体的竞争行为，优化产业学院内部的资源配置，以促进产业学院的有效运营。而在现有的法律体系中，高职院校内部的混合所有制产业学院属于院校内部的二级组织，不能赋予独立法人资格。无论产业学院中校企双方是法人还是自然人，都必须明确产权关系，需要通过有效的产权治理来实现内部组织的紧密团结。如果没有构建边界明晰的产权制度就不可能有实质性的合作，责权不清的产权关系只会导致无序化的管理与低效的运转，不但使本应遵循市场规则的企业囿于行政管制，而且院校一方也会因为产权关系模糊而导致国有资产流失。

（二）强化共同愿景，构建学院内部利益兼容机制和多重目标激励机制

混合所有制产业学院是院校与企业之间通过合同建构起来的契约关系。在

经济学的观点中,所有的经济关系在本质上都是一种合同关系,合同关系的核心就是"委托—代理"关系,而信息不对称是"委托—代理"关系中最大的问题。

混合所有制产业学院建设中会涉及中央和地方、政府和学校、政府和企业、学校和企业等多重"委托—代理"关系,各组关系中的委托方与代理方都有不同的利益诉求,他们存在信息非完全对称的现象。在这种背景下,委托人与代理人之间很难形成控制与被控制的关系,这就使中央政府、地方政府、企业与院校4个行为主体在产业学院建设过程中偏向于以自身的组织制度逻辑来进行决策和行动。化解这一矛盾的最有效办法就是构建基于利益兼容的多重目标激励制度。

基于混合所有制产业学院建设的现实困境与未来愿景,基于组织内部利益兼容的多重目标激励制度设计需要在两个方面形成内生性能量:一是要通过激励制度在职业院校以外广泛吸引企业深度参与产业学院建设;二是要通过激励制度使产业学院内部形成多方利益兼容机制,是在多重目标融合基础之上的利益兼容。基于这一制度目标设计,需要在政府层面出台具有系统性的激励政策,针对不同的代理人列出差异化的目标任务清单,根据目标任务达成程度对代理人进行相应的物质奖励、精神奖励与政治奖励(如主要负责人的职务升迁等);中央政府和地方政府都要从法律制度的层面落实院校的办学自主权,既要允许高职院校在法律政策范围之内发挥主观能动性,采取灵活多样的产权制度构建产业学院,还要根据实效对其经验进行总结推广。高职学校要参照现代企业制度优化学院产权结构和内部治理结构,设立董事会制度与议事规程,促使多方利益相关者积极参与产业学院的内部治理;要健全内部制度建设,强化民主参与治理和监督机制,通过构建高效的校企资源互通互享机制,实现人、财、物等多要素的交流与互通,使校企之间形成最大的利益公约数。

(三) 强化内部文化认同,构建产业学院的社会规范性机制

新制度经济学派的代表性人物美国学者道格拉斯·诺斯(Douglass C. North)却认为,人并不仅仅是精于理性算计的"经济人",还是具有文化认同性的"文化人",如果只寄希望于建立在功利基础上的制度来规避集体行动困境是远远不够的,由于人们所追求的利益具有不稳定性与动态变化性,因此,还需要加强以人们普遍能接受的基本观念规范为基础的制度建设。从另外一个方面来说,混合所有制产业学院的运行并不只是具有经济属性的校企合作组织,它还是具有文化认同的"精神共同体"。由此,混合所有制产业学院的制度建设既要有基于理性的制度设计(正式制度),以便对参与主体的行为进行约束、监督或奖惩,还要有基于组织理念认同的社会规范机制(非正式制度),只有将基于理性的正式制

度与基于文化认同的社会规范机制统合起来,使正式制度实现自然化,才可以使产业学院的运行保持稳定。

构建校企合作的社会规范机制,实现产业学院正式制度和非正式制度的有机结合,目的在于实现产业学院的多元利益主体形成共享思维,提升学生技能培训的质量,实现职业教育目的,并由此超越对个人福祉的追求,进而转化为履行社会赋予的公共责任,这更加契合社会对职业教育的期待。为此,首先,政府要树立主导产业学院运转的社会责任担当意识,既要有形式多样的激励性政策,形成正面的引导作用,还要有创新意识和创新机制,对产业学院的部分行为采取必要的"强干预"政策,统筹协调不同行政部门来共同推动职业教育发展。其次,要通过政策助力来转变社会对职业教育性质和类型的认识,通过具体举措使职业教育成为真正实现"人人出彩"的教育类型,拓展技术技能人才的生存和发展空间,提高职业教育的回报率,增强职业教育的吸引力,提升职业院校发展的信心与动力,逐步转变"重学轻术"的传统社会观念。"每一种供给制度在复杂情境中都有其自身的'否决点',形成制度非均衡性的断裂,复合型协同供给的制度安排将会弥补每个供给制度的不足,实现制度的相对均衡。"因此,需要财政、"发改"、工商、税务、教育、人社等部门"构建多元主体跨界协同治理网络,健全产教融合信任、长效的政策运行机制,开发多种开放式、预测性的政策协调工具",如联合出台相关的税收优惠政策、专项项目制度、特殊补贴政策等"政策组合拳",鼓励并重视校企合作型产业学院的培育与发展,从法律或政策层面赋予企业在职业教育中的确定性权益,以此重塑企业思维,增强企业的社会使命担当意识。

第二节 创新混合所有制产业学院人才培养模式

一、创新产业学院人才培养机制

(一)建立以现代化治理体系为准绳的合作机制

混合所有制产业学院是由不同所有制主体共同投资、共同举办的,要确保混合所有制产业学院平稳有序运行、优质高效育人,首先要建立校企之间密切配合、良性互动的合作机制,而在构建校企合作机制的过程中,建立现代化的学院治理体系是重中之重。基于产业学院办学的主体结构和性质,建立现代化的治理体系要遵循两个基本原则:一是"有限主导,多元共治"原则。开放性治理是现代治理体系的一大特征。混合所有制产业学院是多种所有制主体共同投资兴办职业教育的人才培养模式,不论是地方政府、教育行政管理部门、高职院校还是行业企业,都应当正确认识产业学院的主体性质和办学目的,改革传统单一垄断化的学校管理模式,分散过于集中的学校管理权力,提升学院治理的开放性,建立多元共治的治理结构。二是"平等协商,民主集中"原则。混合所有制产业学院既然是多主体联合办学,那么在治理体系的构建上就应当体现民主原则,在重大校务的决策上,产业学院决策机构要充分听取教育主管部门、高职院校、行业组织、企业等各利益相关主体的意见和建议,以平等协商的形式进行对话和商讨,由产业学院决策机构作出最终决定。

在具体实操层面,产业学院要重点做好管理机构的设置、管理人员的配置和管理制度的建设等方面工作。首先,应由产业学院各投资主体共同组建学院董事会作为学院的最高决策机构,董事会在区政府、教育行政管理部门的领导下运作。其次,学院董事会下设监事会、理事会两大二级机构,监事会行使监督权,理事会行使管理权。监事会成员由董事会选举产生,理事会成员由董事会聘任产生。理事会围绕学院院长建立起管理班子,全面负责产业学院的日常行政管理工作,由此建立起董事会领导下的院长负责制。产业学院通过搭建决策、执行和监督相互制约的现代法人治理结构,就能在接受教育行政管理部门指导和依法治教的基础上,破除行政管理的干预,建立起独立决策、执行到位、有效监督完善的现代化治理体系。

(二) 建立以市场化运作为规制的运行机制

职业教育是兼具公益属性与经济属性的教育类型,企业参与举办高职教育混合所有制产业学院人才培养共同体,尽管有着承担社会责任的动机,但根本动力仍是基于高职教育的经济属性,即举办产业学院能够为企业生存发展创造必要的经济价值。混合所有制产业学院不论是实现自身的可持续发展,还是培养更高质量、适用性更强的技术技能人才,都需要瞄准市场对技能的需求以及行业用人需求来开展教育活动,建立起市场化的运作模式。首先,建立面向市场的课程教学体系。产业学院要以市场需求为导向进行课程改革,在课程设置上,要依据企业的岗位技能需求开设课程,每一门课程都要"明码标价",在课程教学目标、课程内容、课时数、教学方式、考核方法等方面做到信息全面公开,尤其要预设课程教学结束后学生所应达到的技术技能水平,让企业清楚明白地知道投入的每一份资源将产生多少收益。其次,建立与企业管理接轨的人事管理制度。人事管理是组织管理中的重要环节,是影响组织运作效率的关键性因素。产业学院要提高人力资源利用效率,必须改革教师管理办法,实现由身份管理向岗位管理的转变,建立起与企业管理接轨的人事管理制度。产业学院在教师聘任以及职称评定过程中,要重点考查教学能力、技术能力、研发能力,强化教师开展教学和专业服务的绩效考核,建立动态化教师职称评聘制度,促进学院教师与企业技术人员的合理有序流动。最后,建立社会服务新机制。社会服务是高职教育的重要职能,产业学院通常拥有较强的技术力量和研发能力,可以为行业企业提供各类专业服务。建立社会服务新机制,以市场化原则向行业企业提供专业服务,是产业学院增强"造血"能力、充实办学资金资源的重要途径。产业学院要加强与行业企业的技术合作、科研合作,主动承担行业企业科研攻关任务,强化对积极参与社会服务的教职员工的激励,让社会服务成为产业学院市场化办学的核心"增长极"。

(三)建立以校企合作能力提升为模型的保障机制

混合所有制产业学院与传统的高职教育机构相比,管理主体更加多元,组织架构更为复杂,人事关系更为复杂。要确保产业学院的规范、高效、有序运行,实现预期办学目标和人才培养目标,除了需要法律、政策、制度、机制等顶层设计方面的保障以外,还需要建立起以校企合作能力提升模型为重点的运作保障机制,在产业学院内部夯实生存发展的基础。建立校企合作能力提升模型,关键在于增强三大能力:一是信息能力。信息能力是指高职院校搜集、分析和运用复杂信息,从中发现趋势、机会和规律,并将其应用于校企合作过程之中,提升校企合作战略实效的能力。信息搜集能够帮助高职院校更充分地了解区域行业产业发展动态,更准确、更清楚地了解企业参与举办产业学院的人才培养需求,从而为校企双方紧密合作奠定基础。信息分析能够帮助高职院校根据联合办学的目标和方向,比较、判断、评估、提炼校企合作过程中产生的各类信息,从而使得决策、管理和执行变得更加精准、简洁、高效。二是资源整合能力。产业学院是高职院校与企业联合举办的人才培养共同体,学校和企业的共同投入决定了产业学院拥有充分的资源保障,产业学院能在多大程度上整合好、利用好校企双方的资源,决定了其运作效率的高低。产业学院要切实增强资源整合能力,不仅要充分合理地利用各类资金资源,还要不断提高资源的利用效能,从开源与节流两端促进产业学院资金资源利用效率的最大化。三是沟通协调能力。混合所有制产业学院是多元主体联合办学的模式,其主体性质的多元性、人员关系的复杂性决定了协调沟通能力在保障产业学院平稳有序运行过程中发挥着不可替代的作用。高职院校要注意协调好教师与企业的关系,增强教师与企业之间的互信,鼓励教师积极参与企业的生产、经营、管理过程;同时,还要协调好校企双方管理部门之间的关系,定期召开例会,拓宽校企沟通渠道,不断提升校企双方管理部门的协同性。

二、产业学院背景下人才培养模式构建

产业学院人才培养模式是以学校为主按照参与市场竞争的企业形式组建具有产业功能和教学功能的"现代企业",在真实企业环境中学院与企业、教师与师傅联手实施能力素质人才培养的模式。其主要内容有:

(一)确定人才培养目标

通过针对区域经济开展的市场调研,形成具体准确的专业人才培养目标。根据专业人才培养目标,构建专业职业人才能力标准,主要包含综合能力及所属专项能力。依据专业职业人才能力标准确定人才培养的要素,即目标体系、培养内容体系、培养管理体系以及支撑保障体系。根据人才培养要求,形成建设产业学院可行性方案。通过对专业以及专业对口市场企业的调研,明确所创办"现代企业"的形式和规模,企业可以采用公司制、股份制等形式。

(二)学院与企业合作制定人才培养计划

以产业学院性企业的市场灵敏度为基础来确定人才培养规格,修正专业人才培养计划中的偏差,以教学和工作双重合理性安排课程进程,形成理论教学与实践学习前导后续性学习计划。理论教学充分应用企业环境增强形象性,实践教学在企业环境中实施,由企业师傅和学院"双师型"教师进行,开展工作技能和职业素养的学习,从而培养职业型人才,并将实现人才的预就业作为人才培养标准。同时,理论课的内容大多联系企业案例,强调实践性和实用性的实验、设计、实践、实习等环节约占教学总学时数的1/2,学生有充足的接触实际、自己动手操作的机会。校内实训课也采用的是以跨学科与解决企业问题为导向的学习方式,而不是强调教学中对学科知识的理论探讨和分析,学生在学院里的多半时间要在全面开放的实验室或实训室为解决企业提出的问题或完成企业提出的项目而探索。在专业课教学中,来自企业的兼职教师广泛采用"应用性项目教学

法"——以实际应用为目的,围绕某一实际项目实施教学,项目一般是一个具体的产品,或是具体生产过程,或是生产、管理、营销中的某一实际问题。产业学院性企业承担所有的实践性教学任务。学生90%以上的毕业设计是需要花费大约半年时间在企业里完成的。

(三)"真刀实枪"地为企业服务

产业学院人才培养模式虽以教学为主,但仍然维持着较高的联系实际的科研水平,其科研的一个显著特点就是与企业合作,解决企业新产品开发、生产工艺的改革及技术难题的攻关等,为企业实际服务,并为企业提供新生科研力量。产业学院人才培养模式要求毕业设计必须"真刀真枪"地解决来自工商企业等的实际问题,题目可小一些,有些毕业设计,不仅要求学生出图纸,而且要出样机,或参加安装、调试,体现设计、工艺的一致性。

(四)企业是评价考核实践教学成果的主体

学生在企业实训、实习期间,其实训、实习成绩的考核与评定工作由企业负责。实训、实习结束时,企业指导人员将为学生出具一份实训、实习工作鉴定;学生要完成一份详尽的来自企业的实训、实习报告。这时,企业师傅是学生的第一指导教师,学校教师作为学生的第二指导教师,在学生的整个毕业设计和在企业工作期间只去企业指导学生一两次。毕业设计的鉴定及成绩的评定由企业和学校联合进行。

三、产业学院人才培养模式的典型案例

广州番禺职业技术学院智能制造产业学院依托广东省高端装备制造产业背景,聚焦产业共性需求,科学规划专业发展战略,持续深化产教融合,紧密对接广州数控设备有限公司、广州明珞装备股份有限公司等龙头企业,强化资源整合,深化产教融合,构建"2+5+N"的智能制造合作伙伴生态圈,形成"多元主体、共建共享"的建设管理机制,如图4-1所示。

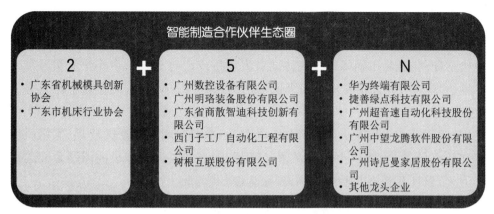

图 4-1　智能制造合作伙伴生态圈

产业学院不断创新人才培养模式，推动"三教"改革，以"高端引领、精准育人"为指导构建"校企协同、三级递进"的工学交替一体化人才培养模式，着力打造工业机器人技术专业群特色品牌，在产业人才培养、技术研发和社会培训等方面为地区制造业转型升级作出了重要贡献。2018年成立以来，产业学院校企共建校内实训室6个（图4-2），建成国家级公共实训中心2个、省普通高校重点科研平台1个、省级产教融合实训基地1个、省级科普教育基地1个、省人社技能等级证书社会评价组织2个、1+X证书试点7个、大学生校外实践教学基地57个。

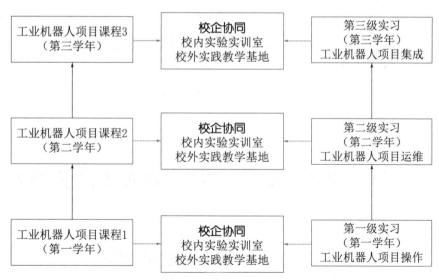

图 4-2　产业学院校企共建校内实训室

近5年来，产业学院落实双主体育人模式，建设专业融合互补、能力递进的工业机器人技术专业群课程体系（图4-3），联合企业共同体研制专业群课程标准34

个,开发工作室项目课程、创新创业课程、企业订单课程45门,通过12个"小、精、灵"校企合作载体,将工业机器人应用真实项目转换为教学项目,实施订单培养、现代学徒制、现场工程师等校企协同育人项目或活动329次,合作企业实习实践数量达23630人次,完成技能等级证书培训与考核978人次,培养非学历教育人数630人次;学生获得中国"互联网+"大学生创新创业大赛金奖等国家级奖项7项,参加各类专业竞赛获省级以上奖项81项;获得发明专利授权12项、实用新型专利授权55项;省级以上纵向课题立项12项,校企共同开展纵向课题金额达到82万元;累计开展技术服务40项,到账金额174万元。

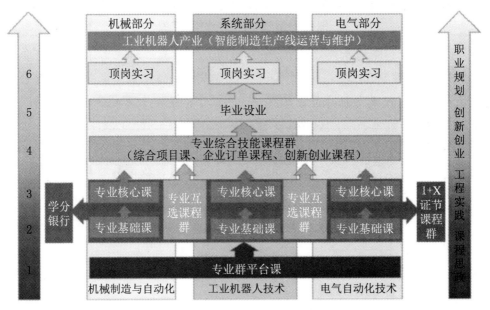

图4-3 工业机器人专业群课程体系

第三节 组建"双师双能型"高素质师资团队

一、"双师双能型"的教师定位

双师双能型教师,是指符合"双师双能型"要求的应用型教师,即教师、工程师等资格兼具,教学能力、实践能力兼备的教师。2015年10月,教育部、国家发改委、财政部联合发布《关于引导部分地方普通本科高校向应用型转变的指导意见》提出，加强"双师双能型"教师队伍建设。调整教师结构，改革教师聘任制度和评价办法，积极引进行业公认专才，聘请企业优秀专业技术人才、管理人才和高技能人才作为专业建设带头人、担任专兼职教师。有计划地选送教师到企业接受培训、挂职工作和实践锻炼。通过教学评价、绩效考核、职务（职称）评聘、薪酬激励、校企交流等制度改革，增强教师提高实践能力的主动性、积极性。将试点高校"双师双能型"高水平师资培养纳入中央和地方相关人才支持项目。加大改革试点的经费支持，高校要健全多元投入机制，积极争取行业企业和社会各界支持，优化调整经费支出结构，向教育教学改革、实验实训实习和"双师双能型"教师队伍建设等方面倾斜。

在我国职业教育层次清晰、发展目标日渐明朗的情况下，亟须制定针对职业教育的师资认定标准，促进职业教育教师队伍的可持续发展。2015年，教育部为全面落实高等教育改革，在《关于引导部分地方本科高校向应用型转变的意见（征求意见稿）》文件中，特别提出要建设一支教师、工程师资格兼具，教学能力、工程实践能力兼备的高素质"双师双能型"教师队伍。从"双师型"到"双师双能型"概念的转变，基本统一了之前对职业教师师资理解的分歧，是一种融合论。既强调教师持有双证，又强调教师的双能力，诠释了职业教育对师资建设的理解和要求。该征求意见稿要求应用型本科紧密结合转型目标和应用型人才培养要求，加强教师教学能力培养，完善教师培养培训体系，鼓励和支持教师到实务部门、企业一线实践锻炼，提高教师的实践教学和工程实践能力，聘请长期在生产一线工作的管理人员、工程技术人员担任相关课程教师，建设"双师双能型"教师队伍。

二、产业学院师资队伍建设的主要途径

产业学院是基于中国国情和高职院校办学规律而提出的一种办学模式，是产教深度融合的载体，依托产业学院合力打造充满活力的"双师型"教师队伍是深化职业教育改革发展的需要，更是落实双高建设任务和建设职业教育创新发展高地的必由之路。

（一）构建校企双主体共育分类分层培养体系

依托产业学院，职业院校与合作企业共同设立"双向流动岗"，实施校企"双

向互驻"和"双向流动",打通校企人员双向流动渠道,建立校企人员双向交流协作共同体,构建校企双主体共育"双师型"教师的培养体系,实施分类、分层精准培养,促进"双师型"教师个体成长。

校企双方共同评估教师的理论教学和实践教学能力,确定教师能力类别,明确培养目标,分类确定培养内容和培养方式,依据教师成长需求,按照"双师型"合格教师(初级:胜任双岗)、"双师型"骨干教师(中级:讲师工匠)、"双师型"专家教授(高级:名师名匠)三个层次,构建"双师型"教师的分类分层培养体系,精准培养教师的"双能力",实现教师的个体"双师型",着力培养一批能够改进企业产品工艺、解决生产技术难题的骨干教师,合力培育一批具有绝技绝艺的技术技能大师,如表4-1所示。

表4-1 双师能力七类三层关系

能 力 类 别	初级 (胜任双岗)	中级 (讲师工匠)	高级 (名师名匠)
初级理论教学能力+初级实践教学能力	"双师型" 合格教师		
初级理论教学能力+中级实践教学能力			
中级理论教学能力+初级实践教学能力			
中级理论教学能力+中级实践教学能力		"双师型" 骨干教师	
中级理论教学能力+高级实践教学能力			
高级理论教学能力+中级实践教学能力			
高级理论教学能力+高级实践教学能力			"双师型" 专家教授

(二)建设高素质"双师型"教师队伍

在实现教师个体"双师型"的基础上,依托产业学院,整合校内和行业内优质人才资源,优化专兼职教师队伍结构,按照专业教学需求,选聘企业高级技术人员、名匠与校内教授专家组建高水平、结构化教师教学创新团队,形成科学合理的群体"双师结构"。教师学习并掌握产业结构转型升级及发展趋势、前沿技术研发、关键技能应用,以及企业的生产组织方式、工艺流程、岗位(工种)职责、操作规范、技能要求、用人标准、管理制度、企业文化、应用技术需求等内容,学习所教专业在生产实践中须应用的新知识、新技术、新工艺、新材料、新设备、新标准等,推进企业实践成果向教学资源转化,结合实践改进教学方法和途径,发掘学校技术服务企业发展的方式和途径。教师围绕产业经验和专业教育融合、产业发展与专项研究融合,优化课程体系,共同开发课程、修订人才培养方案,在相关领域进行专项研究,共享研究信息、数据、资源、政策和成果;教师分工协作进行模块化教学,推动三教改革,服务职业教育高质量发展和1+X证书制度改革需要;教师瞄准产业高端、跟踪行业发展前沿,开展产学研合作,协助企业解决技术难题,参与企业流程再造,更新教学内容,反哺教学改革。实行人员互兼、岗位互通,打造校企共建共享共赢的协作共同体,建设高素质"双师型"教师队伍。

(三)建立双主体评价机制

依托产业学院建立教师企业实践流动(工作)站机制,设立教师实践岗位,完善兼职教师注册发布制度,定期选派高技能人才到学校任教,将教师企业实践与兼职教师聘用工作有效衔接。职业院校要与企业定期磋商、深度合作,支持教师通过帮助企业进行产品研发、职工培训等形式,锻炼教师岗位实践能力,实现校企人才双向流动。

制定"双师型"教师能力标准,实行双元考核、双元付酬,激发校企合作内生动力,强化校企合作利益共同体。对专业课教师技术技能和教学能力实施分级(初级、中级、高级)考核,建立校企双元参与的"双师型"教师评价机制,多维度考核"双师型"教师的教育教学能力、专业实践能力、科研能力和社会服务能力,激发"双师型"教师活力。

三、产业学院高水平师资团队的典型案例

2020年7月,为满足校企双方新形势下的发展需求,广州番禺职业技术学院与广州岭南商旅投资集团股份有限公司签订产教融合战略框架协议和合作协议,以旅游管理专业群为依托,共建"广州旅游产业学院",并确立了产业学院发展的目标、思路和建设内容。

产业学院探索"双导师"制度,实施"共同授课",共建双师型教师培养培训基地项目。通过聘请广州花园酒店、中国大酒店、东方宾馆、南沙花园酒店企业中层管理者担任兼职导师,与校内导师共同承担学生的教育教学实践任务。推进"共同授课"管理方案,聘请工广州岭南国际酒店管理公司、广之旅国际旅行社股份有限公司优秀业务骨干兼职产业学院教师,参与新生入学教育,承担"酒店管理信息系统""行业认知与职业经理人"等理实一体化课程的教学工作。目前,专

业已派出8名教师到广州岭南商旅投资集团股份有限公司旗下酒店的前厅、营销、餐饮、人力资源等一线业务部门进行实践锻炼，进一步将企业真实岗位任务和能力要求转化为课程教学内容，其间为酒店开展两场实习生培训课程，参与广州宾馆、南沙花园酒店文化主题酒店项目的申报工作。专业教师受岭南商旅集团邀请参加澳门旅游学院举办的培训活动。

第四节　打造基于产业学院的技术技能创新服务平台

一、技术技能创新服务平台的内涵和定位

（一）技术技能创新服务平台的内涵

打造技术技能创新服务平台，是中国特色高水平高职学校和专业建设计划（以下简称"双高计划"）的重大创新与突破。作为"产学研用"协同创新的新载体，技术技能创新服务平台建设工作受到国家层面的高度重视，如《关于实施中国特色高水平高职学校和专业建设计划的意见》指出，"打造技术技能人才培养高地和技术技能创新服务平台，支撑国家重点产业、区域支柱产业发展，引领新时代职业教育实现高质量发展"。

技术技能创新服务平台是指面向产业和区域发展的重大需求，通过有效整合高等学校、科研院所、科技中介服务机构以及骨干企业等优势单位资源，面向企业技术创新共性需求提供公共服务的组织体系。技术技能创新服务平台是职业院校教学、科研资源优化配置的新模式，其目的是通过建立以产教融合为特征、以应用技术为核心、以协同创新为路径的平台，不断提升技术技能人才培养与产业发展的适配度。技术技能创新服务平台具有"集成提升、功能精准、突出特色、共建共享"的功能定位如图4-4所示。

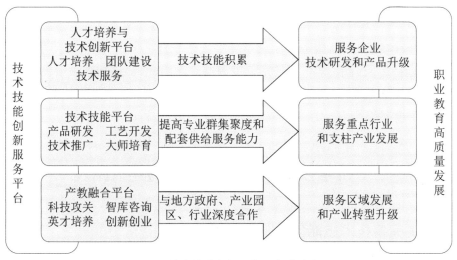

图 4-4　技术技能创新服务平台功能定位

（二）技术技能创新服务平台的定位

1. 资源整合，集成提升

技术技能创新服务平台本身是个集成平台，无论是人才培养与技术创新平台、技术技能平台，还是产教融合平台，都依赖于高职院校内部的科研所、工程研究中心、重点实验室等各类创新载体。院校应在梳理现有基础设施、研发项目的基础上，紧密结合区域经济社会发展要求，根据我国产业发展阶段特点，实现增量与存量资源融合，从而进一步增强各类创新载体的服务功能，形成"1+1>2"的效果。

2. 优势带动，功能精准

技术技能创新服务平台要瞄准产业转型升级需求，做到功能精准。人才培养与技术创新平台服务企业技术研发和产品升级，技术技能平台服务重点行业和支柱产业发展，产教融合平台服务区域发展和产业转型升级。通过创新资源优化配置，促进创新成果的孵化、转化和推广。

3. 服务区域，突出特色

技术技能创新服务平台要根据区域经济发展战略，针对区域特色产业、优势科技资源、中小企业创新创业需求，确立服务目标；要与地方政府、产业园区、行业企业深度合作，适应区域产业结构调整及区域经济发展需求，增强创新资源配置能力。

4. 创新制度，共建共享

构建技术技能创新服务平台就是要打破各主体之间的壁垒，促进各主体进行有效沟通，实现信息、知识和技术等资源共享。因此，必须加强顶层设计，发挥制度保障作用，着眼于创新平台管理体制和运行机制，充分调动各主体的积极性，形成平台建设合力。

二、技术技能创新服务平台的建设路径

（一）完善技术技能创新服务机制

1. 院校应建立技术技能创新服务平台管理体制和运行机制

将技术技能创新理念在教学和科研环节层层渗透，围绕创新创业人才培养、技术技能创新项目管理，建立技术技能创新服务平台管理体制和运行机制。明确技术技能创新服务平台组织机构、管理体系、运行方式，出台平台绩效考核评估办法，促进师生技术技能提升，构建为企业、产业服务的长效机制。

2. 院校应完善技术技能创新服务保障制度

明确教师在技术技能创新服务过程中的权利、义务、方式、路径，规范技术技能创新服务工作项目的申报立项、过程实施，加强创新项目成果的推广和转化，将技术技能创新服务项目实施与学校创新人才培养结合起来。

3. 院校应加强对技术技能创新服务的指导

建立由学校领导、行业专家组成的技术技能创新服务指导委员会和由技术技能创新服务平台管理人员、相关职能部门组成的项目运行服务工作组。前者负责院校技术技能创新服务平台的政策制定、合作项目审核审批等工作，起着统领全局和方向指引的作用；后者负责具体技术技能创新项目的运行服务、资源整合和工作协调，为技术技能创新服务工作提供支撑。

（二）明确技术技能创新服务平台的层次类型

1. 院校应围绕服务企业技术研发和产品升级建设人才培养与技术创新平台

院校应鼓励教师瞄准企业技术研发和产品升级需求积极开展创新教育，推动学校创新内容面向企业需求、创新成果面向企业应用转化，使应用技术更快地

2. 院校应围绕服务区域发展和产业转型升级建设产教融合平台

院校应紧密对接区域现代产业体系，注重与地方政府、产业园区、行业深度合作，建设产教融合平台，切实提升服务区域经济社会发展的能力和水平。

（三）找准技术技能创新服务平台与服务对接的端口

1. 创新链对接产业链，找准平台建设方向

院校应把当地产业需求作为切入点，针对产业链中的中高端环节特别是设计环节开展技术攻关；依托专业资源优势，集中突破关键核心技术，解决产业链"卡脖子"问题。

2. 院校联动产业园区，以产学研协同创新链优化人才培养链

院校应从产学研协同创新的方向、功能、内容、机制等方面开展探索，对接产业园区、工业园区的技术技能人才需求，将自身的教育资源与园区产业资源协同发展，适时调整专业设置和专业结构，培养高技能应用型人才，优化职业教育服务产业布局。

（四）提升技术技能创新资源整合效率

1. 院校、企业共同构建"创新共同体"

院校应创新要素集聚为手段，以促进产业关键共性技术发展为目标，以项目研发为抓手，院校与企业建立长期稳定的技术协作关系。吸引行业企业深度参与，在服务环节上找准校企合作的对接点，精准对接区域人才需求、技术需求，将技术技能创新服务平台建设引向深入。

2. 院校、企业组建协同创新团队

院校应面向企业特别是中小微企业的技术需求，以优势专业群为依托，选拔培育具有产品研发和技术服务经验的骨干教师作为带头人，整合学校科技资源，开展科技研发与技术服务。通过校内跨学院、跨专业组队，以及校外与兄弟院校、科研院所合作的方式，打造多层次、跨领域的协同创新团队。同时，院校应更加注重技术技能创新服务反哺教学，把技术技能创新服务平台的科研成果融入教学过程，适时调整人才培养方案，重构课程体系。

（五）强化科技成果评价的绩效导向

1. 院校应构建平台服务质量评价指标体系

院校应根据技术技能创新服务平台的特点，构建平台服务质量评价指标体系，准确、科学、有效地反映平台的实际服务效果。在构建平台服务质量评价指标体系时，应保证科学性和合理性，这样既能对技术技能创新服务平台进行评价，也能对具体技术技能创新服务项目的效果进行评价。

2. 院校应推动专利技术成果转移转化

院校应加大知识产权申请、转化、保护力度，加强产学研协同创新，鼓励专业团队与企业开展知识产权合作；面向企业，特别是中小微企业，开展知识产权托管服务，建立成果需求信息共享机制，为企业的科技研发、成果转化提供支撑。

3. 院校应完善技术技能创新服务成果转化激励机制

结合技术技能创新服务平台的功能特色，院校应完善创新成果认定、转移、转化的相关办法。出台技术技能创新服务成果奖励实施细则，将技术技能创新服务成果、转移转化纳入相应的职称评聘和任期考核。科学评价科研人员和后续转移转化服务人员的贡献，并依据贡献给予相应奖励，完善技术技能创新服务成果转移、转化的利益分配机制。

三、产业学院技术技能服务平台典型案例

2019年，广州番禺职业技术学院信息工程学院开始建设大数据技术与应用高水平专业群，建设广东省智慧职业教育大数据工程技术研究中心、广东省高职教育应用技术协同创新中心、广东省职业教育大数据智能应用技术创新团队等平台，协同阿里云计算有限公司、腾讯云计算(北京)有限责任公司、新华三集团、科大讯飞华南有限公司、深圳市商汤科技有限公司、中软国际(广州)信息技术有限公司等企业开展深度的校企合作，并在此基础上组建"人工智能与数据经济产业学院"。

建设期间，产业学院依托三大支撑平台，打造"创新—项目—平台—转化"技术研发创新服务路径，助力企业实现产品的快速创新和迭代。依托广东省高职教育大数据应用技术协同创新中心，提出产品的创新化解决方案。依托广东省智慧职业教育大数据工程技术研究中心，与行业领军企业合作开展科学研究，攻

克关键技术难题,服务本地企业。依托广州番禺职业技术学院技术转移转化中心,对工程技术研究中心形成的专利、应用技术协同创新中心形成的软件著作权或产品开展转化落地,实现成果的落地转化。

产业学院集合六个子中心和三大平台,形成生产、学习、技术研发、实践运用的系统运作模式,搭建融合专业教学、科技展示、行业体验、技术研发、社会服务和项目管理等功能于一体的"产学研用一体化"实践平台。实践平台建设对接行业企业的产研需求,为企业培养更多具有创新能力的高素质复合型技术技能人才,实现教育链、产业链、创新链有效对接。

第五章

产业学院建设的期然

- 政校联合，打造立足区域经济发展的产业学院
- 产教融合，构建服务重点产业发展的产业学院
- 数智耦合，重塑产业学院基础条件和内涵建设
- 利益整合，完善产业学院组织建构和保障体系

第一节 政校联合，打造立足区域经济发展的产业学院

在当今全球经济一体化与区域竞争加剧的背景下，区域经济的发展已成为衡量一个国家或地区综合实力的重要指标。为了实现区域经济的可持续发展，必须依托创新驱动，而创新的核心在于人才与技术的双重支撑。在此背景下，政校联合，共同打造立足区域经济发展的产业学院，成为推动地方产业升级、经济转型和高质量发展的关键举措。

一、我国区域经济发展的新形势及政府功能定位

随着我国经济进入高质量发展阶段，区域经济发展呈现出新的形势和特点。政府作为经济发展的重要推动力量，其功能定位也需随之调整，以更好地适应和引领新时代区域经济的发展。

（一）我国区域经济发展的新形势

在新时代背景下，我国区域经济发展呈现出以下几个显著特点：

1. 经济增长动力多元化

创新驱动、内需拉动成为经济增长的主要动力，高新技术产业、现代服务业等新兴产业快速发展。经济增长动力的多元化，首先缘于全球经济环境的复杂多变。随着全球化进程的深入，各国经济日益紧密相连，单一的经济增长模式难以应对外部冲击。此外，资源环境的约束也日益凸显，要求经济体必须转变增长方式，寻求更为绿色、可持续的发展路径。

2. 区域协调发展格局逐步形成

近年来，我国在促进区域协调发展方面取得了显著成效，逐步形成了以东、中、西三大地带为主体，多层次、多领域、多形式的区域协调发展格局。

在东部沿海地区，经济转型升级步伐加快，创新驱动发展战略深入实施，高

新技术产业和现代服务业蓬勃发展。同时,中西部地区依托资源优势和产业基础,积极承接东部产业转移,加快发展特色优势产业,经济实力不断增强。东北地区则通过深化改革、扩大开放,加快振兴步伐,为区域协调发展注入了新动力。

此外,我国还积极推动城市群、都市圈等区域一体化发展,京津冀、粤港澳、长三角等多个区域经济内部以及区域间基础设施互联互通,深化区域合作与协同发展。这些举措有力地促进了区域协调发展格局的形成,为我国经济持续健康发展提供了有力支撑。

3. 绿色发展理念深入人心

绿色产业是指那些低能耗、低排放、高效益的产业,包括清洁能源、节能环保、循环经济等领域。绿色经济则是一种新的经济发展模式,它要求在经济活动中充分考虑资源环境的承载能力,实现经济增长与环境保护的协调统一。发展绿色产业和绿色经济,有助于推动区域经济从高能耗、高排放的传统产业向低能耗、低排放的现代产业转型,实现经济结构的优化升级;带动区域创新能力的提升,形成新的经济增长点,从而增强区域的综合竞争力。

4. 开放合作水平不断提升

在参与全球经济治理的过程中,我国坚持多边主义和自由贸易原则,推动建设开放、包容、普惠、平衡、共赢的新型国际关系。通过加强与国际社会的协调与合作,我国在全球经济治理体系中发挥着越来越重要的作用,为促进世界经济增长、推动构建人类命运共同体贡献了中国智慧和中国方案。同时,我国以全面开放推动区域经济发展,不断拓展对外开放的广度和深度。通过深化与周边国家的经贸合作,加强"一带一路"建设等举措,我国正逐步形成陆海内外联动、东西双向互济的开放格局。这种新格局不仅为我国经济发展提供了更加广阔的空间和机遇,也为区域经济发展带来了更多合作与共赢的可能性。

(二)政府功能定位的调整与转变

面对区域经济发展的新形势,政府功能定位需进行以下调整与转变:

1. 政府主体定位的转变

政府从主导者向引导者转变,应逐步减少对微观经济活动的直接干预,更多地通过制定规划、政策引导等方式,激发市场活力和社会创造力。在当今快速发展的社会中,各种组织和机构都面临着不断变化的挑战。为了应对这些挑战,许多领导者开始意识到,传统的主导者角色已经不足以满足现代组织的需求。因此,政府主体定位的转变成为了一种必然趋势。

2. 政府主体目标的转变

(1) 从单一目标向多元目标转变。政府不仅要关注经济增长速度,还要更加注重经济增长质量、社会效益和生态环境保护等多元目标。从单一目标向多元目标的转变是时代发展的必然要求,也是个人和社会发展的必然选择。这一转变不仅能够克服单一目标的局限性,还能够更好地适应现代社会的复杂性和多样性,推动全面、协调、可持续的发展。

(2) 从局部利益向整体利益转变。随着全球化的深入发展,世界各国之间的联系日益紧密,人类社会的整体性特征日益凸显。在这样的背景下,从局部利益向整体利益转变的必要性愈发显著。政府应打破地方保护主义和行政壁垒,推动形成全国统一大市场和公平竞争环境,促进区域协调发展。

(3) 从封闭发展向开放发展转变。随着时代的变迁,越来越多的国家和地区开始认识到开放发展的重要性,并逐步实现从封闭发展向开放发展的转变。通过参与国际竞争,企业可以扩大生产规模、提高产品质量和服务水平,进而提升品牌影响力和市场占有率。

(三) 政府推动区域经济发展的主要措施

为更好地推动区域经济发展,政府可采取以下措施:

1. 优化区域发展布局

区域发展布局的优化不仅关乎一个地区或国家的经济增长与社会进步,更是实现可持续发展、提升国际竞争力的关键所在。优化区域发展布局,旨在通过科学合理的空间规划,促进资源的高效配置、产业的协同发展以及生态环境的保护,进而构建均衡、和谐、可持续的区域发展新格局。

2. 加强创新驱动发展

近年来,我国在创新驱动发展方面取得了显著成就。科技创新能力持续增强,一批重大科技成果达到国际先进水平;创新环境不断优化,创新创业生态日益完善;创新对经济发展的支撑作用明显增强,新经济、新业态、新产业快速发展。政府应加大科技创新投入力度,培育创新型人才队伍,推动产学研深度融合和科技成果转化应用。目前,我国在创新驱动发展方面仍存在不少挑战,严重制约了我国创新驱动发展的步伐。

3. 深化供给侧结构性改革

深化供给侧结构性改革需要围绕去产能、去库存、去杠杆、降成本、补短板五大任务展开。这五大任务相互关联，共同构成了供给侧结构性改革的整体框架。政府应通过优化供给结构、提高供给质量等方式满足人民日益增长的美好生活需要。

4. 推动形成绿色生产方式和消费模式

为了应对资源消耗和环境污染的问题挑战，推动形成绿色生产方式和消费模式显得尤为重要。推动形成绿色生产方式和消费模式是应对环境挑战的必然要求。传统的生产方式和消费模式往往以牺牲环境为代价来追求经济增长，导致资源枯竭、生态破坏和环境污染等严重问题。而绿色生产方式和消费模式则注重经济效益、社会效益和环境效益的协调发展，是实现可持续发展的必然选择。

5. 扩大开放合作领域和深度

在全球化日益深化的今天，扩大开放合作领域和深度已经成为各国共同的发展诉求。开放合作不仅能够促进资源的高效配置，还能推动技术的快速进步，更能够加强国际间的相互理解和信任。

二、基于政校合作的产业学院建设创新模式

产业学院是高职院校与特定产业紧密结合的教育实体，旨在通过政校企三方合作，实现教育链、人才链与产业链、创新链的有效衔接。这一模式的出现，不仅是对传统教育模式的革新，更是对区域经济发展模式的重塑。

（一）政校合作创新模式的内涵

1. 政府引导，政策扶持

在产业学院建设中，政府扮演着至关重要的角色。政府应制定相关政策，明确产业学院的发展目标、重点任务和保障措施，为产业学院的建设提供政策支持和引导。这包括资金扶持、税收优惠、土地供应、人才引进等方面的政策，以及建立健全的服务体系，为产业学院的发展提供全方位的服务保障。

2. 高校主体，教育创新

高校是产业学院建设的主体，负责提供教育资源、师资力量和教学设施等。在政校合作创新模式中，高校应积极响应政府号召，主动与产业对接，调整专业设置和人才培养方案，确保教学内容与产业需求紧密衔接。同时，高校还应加强师资队伍建设，引进和培养一批具有产业背景和实践经验的教师，提高教学水平和科研能力。

3. 企业参与，产教融合

企业是产业学院建设的重要参与者，负责提供市场需求、技术支持和实习实训岗位等。在政校合作创新模式中，企业应积极参与产业学院的建设和运营，与高校共同开展人才培养、科技创新和成果转化等工作。通过产教融合，实现教育链与产业链的深度融合，推动区域经济的高质量发展。

（二）政校合作创新模式的实施路径

1. 明确发展目标，制定实施计划

政府、高职院校和企业应共同明确产业学院的发展目标，制定详细的实施计划和时间表。这包括确定产业学院的建设规模、专业设置、师资队伍、教学设施等方面的具体要求，以及制定具体的实施方案和保障措施。

2. 加强沟通与协作，建立合作机制

政府、高职院校和企业应加强沟通与协作，建立紧密的合作机制。这包括定期召开联席会议、建立工作小组、签订合作协议等方式，确保三方在产业学院建设中的协同配合和有效沟通。通过加强沟通与协作，推动产业学院建设的顺利进行。

3. 加大投入力度，保障资源供给

政府、高职院校和企业应加大投入力度，保障产业学院建设所需的资源供给。政府应提供必要的资金支持和政策扶持；高校应投入教育资源、师资力量和教学设施等；企业应带来市场需求，提供技术支持和实习实训岗位等。通过加大投入力度，确保产业学院建设的顺利进行和高质量发展。

4. 加强评估与监督，确保实施效果

政府、高职院校和企业应加强对产业学院建设的评估与监督，确保其实施效果。这包括建立评估体系、制定评估标准、开展定期评估等方式，对产业学院的

建设和运营进行全面评估和监督。通过加强评估与监督，及时发现问题并采取措施进行改进，推动产业学院建设的持续改进和优化。

三、基于政校合作的产业学院建设典型案例

我国政府高度重视汽车产业的发展，深入实施发展新能源汽车已成为国家战略，然而汽车既具有多产业、多领域、多技术融合发展的特征，又处在蓬勃发展的阶段，因此具有高度的复杂性和不确定性，对人才队伍建设提出了新课题和新挑战。

广州番禺职业技术学院智慧汽车学院在此背景下，瞄准广东省十大支柱产业的汽车产业，针对粤港澳大湾区产业发展的人才需求，结合学校专业群发展的优势与规划，深度对接全国汽车行业头部企业、世界500强的广汽乘用车有限公司，共建产业学院。校企双方于2024年3月24日在广州云珠酒店完成产业学院签约仪式。

"广汽产业学院"旨在通过校企双方"共建、共管、共享、共赢"的协同机制，开展双元主体人才培养、师资共育、技术创新与成果转化、就业创业、职业培训、课程建设和行业标准编制等方面合作，建设粤港澳大湾区新能源汽车技术领域的人才培养与储备基地、粤港澳大湾区新能源汽车技术开发与研究基地和粤港澳大湾区新能源汽车产业链行业、企业员工专业培训基地。

"广汽产业学院"依托智能与新能源汽车专业群，聚焦大湾区面向燃油汽车、新能源汽车、智能网联汽车、汽车营销等重点产业，定位汽车行业高端，对接大湾区及广州市汽车先进制造服务业，适应汽车制造服务一线对智能程度高、新材料新技术新方法融入程度深的汽车技术领域和新兴职业岗位人才的需求，培养具有良好的职业道德和工匠精神、具备"一技之长＋综合素质"、适应产业转型升级和企业技术创新需要的"懂设计、会装调、精运维、能管理"的汽车产业链复合型、创新型高素质技术技能人才。校企双方通过共研提出了多项协同育人方法。

第二节 产教融合,构建服务重点产业发展的产业学院

一、我国重点产业的发展布局及人才培养规划

随着全球经济格局的不断演变,我国重点产业的发展布局及人才培养规划显得尤为重要。

(一)我国重点产业的发展布局

近年来,我国重点产业发展取得了显著成效。一方面,战略性新兴产业快速发展,新一代信息技术、生物、高端装备制造、新能源等产业已形成了一定的竞争优势;另一方面,传统产业转型升级步伐加快,钢铁、有色、石化等传统产业通过技术改造和产业升级,实现了绿色发展、循环发展和低碳发展。然而,与发达国家相比,我国重点产业在创新能力、核心技术、品牌影响力等方面仍存在较大差距。

随着全球经济格局的不断演变,我国产业发展面临着前所未有的机遇与挑战。为了在新一轮的国际竞争中占据有利地位,必须优化重点产业的发展布局,加快转型升级,实现高质量发展。

针对我国重点产业的发展现状和问题,我们应该做好以下几点:

(1)创新驱动发展。把创新作为引领发展的第一动力,加快形成以创新为主要引领和支撑的现代化经济体系。通过加大研发投入、建设创新平台、培育创新主体等措施,提升重点产业的自主创新能力。

(2)优化产业结构。以供给侧结构性改革为主线,推动重点产业向高端化、智能化、绿色化方向发展。通过淘汰落后产能、发展新兴产业、提升产业链水平等措施,优化产业结构,提高产业竞争力。

(3)加强国际合作。以开放促发展,积极参与全球经济治理和产业合作。通过引进外资、扩大出口、加强技术合作等措施,提升我国重点产业的国际竞争力。

(4)培育产业集群。发挥产业集群在资源配置、技术创新、市场拓展等方面的优势,推动重点产业向集群化方向发展。通过建设产业园区、培育龙头企业、

完善产业链等措施,形成一批具有国际竞争力的产业集群。

(二) 人才培养规划

人才培养是国家发展的基石。一个国家的核心竞争力,归根结底是人才的竞争。只有拥有高素质、高技能的人才,才能在激烈的国际竞争中立于不败之地。通过培养具有创新精神和实践能力的人才,可以推动社会科技的进步和文化的繁荣。人才培养是企业成长的关键。企业的生存和发展依赖于其员工的素质和能力,只有拥有一支高素质、高效率的员工队伍,企业才能在激烈的市场竞争中脱颖而出。人才培养规划的内容应包括以下几个方面:

1. 培养目标

明确人才培养的目标,包括知识、能力、素质等方面的要求。目标应具有层次性和可操作性,既要符合国家和社会的需求,又要符合个人的发展需求。

2. 培养内容

根据培养目标,确定人才培养的内容,包括课程设置、实践教学、科研训练、社会实践等方面。内容应具有科学性和实用性,既要注重基础知识的传授,又要注重实践能力的培养。

3. 培养方式

根据培养目标和培养内容,选择合适的人才培养方式,包括课堂教学、实验教学、科研实践、社会实践、国际合作与交流等。培养方式应具有灵活性和多样性,既要满足人才培养的需求,又要激发学生的学习兴趣和积极性。

4. 考核评价

建立科学的人才培养评价体系,对人才培养的过程和结果进行评价。评价应具有客观性和公正性,既要注重学生的学业成绩,又要注重学生的综合素质和实践能力。同时,评价结果应作为改进人才培养工作的重要依据。

实施人才培养规划,需要政府、学校、企业和社会各方面的共同努力。政府应加大对人才培养的投入,提供政策支持和资金保障。学校应深化教育教学改革,创新人才培养模式和机制。企业应积极参与人才培养过程,提供实践平台和就业机会。社会应营造良好的人才成长环境,鼓励创新和创业。

二、建设以企业为主导的产业学院新模式

随着经济的全球化和知识经济的发展,产业结构的升级和转型已成为必然趋势。在这种背景下,以服务企业发展为主导的产业学院新模式应运而生,旨在通过深度开展产教融合,培养符合产业发展需求的高素质人才。

(一)产业学院新模式的内涵

产业学院新模式的内涵主要体现在以下几个方面:

1. 促进教育与产业的深度融合

产业学院通过产教融合的方式,打破了教育与产业之间的壁垒,实现了教育与产业的深度融合。这种融合有助于提高人才培养的质量和效率。

2. 提高学生的实践能力和就业竞争力

产业学院注重实践教学和校企合作,使学生在校期间就能接触到实际工作环境,从而提高其实践能力和就业竞争力。

3. 推动高等教育的改革与创新

产业学院作为一种新型的高等教育模式,为高等教育的改革与创新提供了新的思路和方向。

产业学院的出现,使教育理念从传统的知识传授向能力培养转变。同时,产业学院通过整合教育资源和产业资源,有助于提高教育资源的利用效率和教育质量,为教育模式的创新与发展提供了新的思路和方向。未来,随着科技的进步和社会的发展,产业学院模式将不断完善和创新,为培养更多优秀人才作出贡献。

(二)产业学院新模式的特点

产业学院,作为连接教育与产业、理论与实践的桥梁,日益受到广泛关注。其特点是:

1. 产教融合,校企合作

产教融合是产业学院新模式的核心特点。通过与企业的紧密合作,产业学

院能够及时了解市场需求和行业动态,将最新的产业技术和理念引入教学,使教育内容与产业发展保持同步。同时,校企合作还为学生提供了丰富的实践机会,有助于培养他们的实践能力和职业素养。

2. 以市场需求为导向

产业学院新模式坚持以市场需求为导向,紧密围绕产业发展需求设置专业和课程。这种以市场为导向的办学理念,有助于确保教育资源的有效配置,提高人才培养的针对性和实用性。

3. 产学研一体化

产学研一体化是产业学院新模式的又一显著特点。通过搭建产学研合作平台,产业学院能够整合高校、企业和科研机构的资源,形成教学、科研、生产相互支持、相互促进的良性循环。这种一体化的合作模式,不仅有助于提升高校的科研水平和社会服务能力,还能为企业提供持续的技术创新和人才支持。

4. 灵活多样的运行机制

产业学院新模式在运行机制上表现出极大的灵活性。它可以根据市场需求和产业变化,及时调整专业设置、课程内容和教学方式。同时,产业学院还注重与企业的深度合作,通过共建实验室、共享资源等方式,实现教育资源的优化配置和高效利用。

5. 注重培养学生的综合素质

产业学院新模式在人才培养上更加注重学生的综合素质。除了专业知识外,还强调培养学生的创新能力、团队协作能力、沟通能力等非技术性能力。这些能力的培养,有助于学生在未来的职业生涯中更好地适应和应对各种挑战。

(三) 建设产业学院新模式应注意的关键问题

在建设产业学院新模式过程中应注意的几个关键问题:

1. 明确产业学院新模式的定位与目标

产业学院不同于传统意义上的学院,它更加注重产业需求导向,强调产学研用深度融合。因此,新模式的定位应紧扣产业发展趋势,瞄准行业前沿技术,培养符合市场需求的高素质应用型人才。同时,目标设定要具有前瞻性和可操作性,既要考虑当前产业发展的实际需求,也要预见未来行业发展的潜在方向。

2. 构建产教融合的课程体系

课程体系是产业学院建设的核心。在新模式下,应打破传统学科壁垒、整合产业与教育资源、构建产教融合的课程体系,这要求课程设置不仅要涵盖专业基础知识,还要引入行业最新技术动态和企业实际案例,使课程内容与产业发展紧密相连。此外,还应注重实践教学环节的设计,通过校企合作、实习实训等方式,提升学生的实践能力和创新能力。

3. 互聘互育加强师资队伍建设

师资队伍是产业学院新模式建设的关键。要培养高素质的复合型、创新型人才,首先需要有一支具备丰富实践经验和深厚理论功底的教师队伍。因此,应加强师资引进和培养工作,吸引更多具有行业背景和实践经验的优秀人才加入教师队伍。同时,还要建立健全校企双方教师培训和交流机制,提升企业教师的专业素养和教学能力,学校教师的实践操作能力以及对行业企业新技术、新工艺的把握能力。

4. 深化校企合作与产学研用结合

校企合作和产学研用结合是产业学院新模式的显著特征。通过与企业建立紧密的合作关系,产业学院可以及时了解行业最新动态和技术发展趋势,从而调整教学内容和方式以满足市场需求。同时,校企合作还可以为学生提供更多的实习实训机会和就业渠道,产学研用结合则有助于将科研成果转化为生产力,推动产业发展和技术创新。

5. 完善管理与评价机制

管理与评价机制是保障产业学院新模式有效运行的重要手段。应建立健全各项管理制度和规章制度,确保学院各项工作的规范化、制度化。同时,还要完善评价机制,建立以产业需求为导向、以能力培养为核心的评价体系。这要求评价内容不仅要包括学生的学业成绩,还要注重学生的实践能力、创新能力和综合素质的评价。此外,还应引入企业和社会评价机制,使评价结果更加客观、全面。

6. 注重国际交流与合作

在全球化的背景下,国际交流与合作对于产业学院新模式的建设至关重要。通过与国际先进产业学院开展交流与合作,可以引进国外先进的教育理念、教学方法和优质教育资源,提升我国产业学院的办学水平和国际竞争力。同时,国际交流与合作还可以为学生提供更广阔的视野和更多的发展机会。

7. 注重持续创新与发展

产业学院新模式的建设是一个持续创新与发展的过程。随着产业的不断升级和技术的不断进步，产业学院必须紧跟时代步伐，不断更新教育理念和教学方法。同时，还要积极探索新的合作模式和发展路径，以适应不断变化的市场需求和社会环境。

三、基于服务重点产业的产业学院建设规划

（一）重点产业的选择与布局

在经济发展的大潮中，重点产业的选择与布局显得尤为重要。它关乎一个国家或地区的经济命脉，决定了资源配置的效率与产业发展的方向。

1. 重点产业的选择

重点产业的选择，不仅要考虑当前的经济形势，还要预见未来的发展趋势；而产业的布局，则需要充分利用地域优势，实现资源的优化配置。在选择重点产业时，我们应遵循以下原则：

（1）市场需求原则。产业的选择应基于市场需求，以满足消费者的需求为出发点，确保产业的发展具有广阔的市场前景。

（2）技术创新原则。重点产业应具有较高的技术含量和创新能力，能够引领产业升级和技术进步。

（3）产业关联原则。选择的产业应具有较强的产业关联性，能够带动相关产业的发展，形成产业集群效应。

（4）可持续发展原则。重点产业的发展应符合可持续发展的要求，注重环境保护，实现经济效益与社会效益的和谐统一。

2. 重点产业的布局

产业布局应充分考虑地域特点、资源禀赋、交通条件等因素，实现资源的优化配置。以下是产业布局的主要策略：

（1）区域集中策略。根据地区的资源优势和产业基础，集中发展具有比较优势的产业，形成特色鲜明的产业集群。

（2）点轴开发策略。以重要城市或交通枢纽为点，以交通干线为轴，沿轴线布局产业，实现点与轴线的有机结合。

(3) 网络布局策略。在区域经济发展的基础上,构建产业网络,实现产业之间的互联互通,提高资源配置效率。

(二) 产业学院的建设目标与定位

1. 产业学院的建设目标

产业学院的建设目标应紧紧围绕产业需求和教育规律,旨在培养符合产业发展需求的高素质技术技能人才。具体来说,其建设目标可细化为以下几点:

(1) 培养创新型人才。产业学院应注重培养学生的创新意识和实践能力,使其能够适应快速变化的产业环境,为产业的可持续发展提供源源不断的创新动力。

(2) 促进产教融合。通过产业学院的建设,推动教育与产业的深度融合,打破教育与产业之间的壁垒,实现教育资源与产业资源的有效对接。

(3) 提升教育质量。产业学院应以提升教育质量为核心目标,通过引入产业资源、优化课程设置、改进教学方法等手段,提高教育的针对性和实效性。

(4) 服务地方经济发展。产业学院应紧密结合地方经济发展需求,为地方产业发展提供人才支撑和智力支持,推动地方经济的转型升级。

2. 产业学院的建设定位

产业学院的定位是其建设与发展的基础,直接关系到产业学院的发展方向和成效。结合当前的教育改革和产业发展趋势,产业学院的定位应体现在以下几个方面:

(1) 教育改革的先行者。产业学院应成为教育改革的先行者,积极探索符合产业发展需求的教育模式和教学方法。通过引入产业资源、开展校企合作、实施项目式教学等手段,推动教育教学的创新与实践,为培养创新型人才提供有力保障。

(2) 产业需求的对接者。产业学院应紧密对接产业发展需求,及时了解产业发展的新趋势、新技术和新要求,并将其转化为教学内容和课程设置的重要依据。通过开设与产业对接的专业课程、引入产业导师、实施实习实训等方式,提高学生的职业素养和就业竞争力,为产业发展提供有力的人才支撑。

(3) 创新创业的孵化器。产业学院应成为创新创业的孵化器,为学生提供创新创业的平台和机会。通过开设创新创业课程、举办创新创业大赛、引入风险投资等方式,激发学生的创新意识和创业热情,培养学生的创新创业能力,推动创新创业成果的转化和应用。

(4) 社会服务的贡献者。产业学院应积极承担社会责任，为地方经济发展和社会进步作出贡献。通过开展社会服务、技术推广、人才培训等活动，推动产业学院的科技成果向社会转化，为地方产业发展提供技术支持和人才保障，实现产业学院与社会的良性互动和共同发展。

（三）产业学院的建设内容与路径

1. 建设内容

产业学院的建设内容主要包括以下几个方面：

(1) 课程体系建设。课程体系是产业学院的核心，它直接关系到人才培养的质量。产业学院应以产业需求为导向，构建与产业发展紧密对接的课程体系。这包括引入行业标准、职业资格认证等内容，使课程内容更加贴近实际工作需要；同时，加强实践教学环节，提高学生的实践能力和创新能力。

(2) 师资队伍建设。师资队伍是产业学院的重要保障。产业学院应建立一支由企业工程师、行业专家和高校教师组成的多元化师资队伍。通过校企合作、产学研结合等方式，加强师资培训和实践锻炼，提高教师的专业素养和实践能力。

(3) 实践教学平台建设。实践教学平台是产业学院培养学生实践能力的重要载体。产业学院应加强与企业的合作，共同建设实验室、实训基地等实践教学平台。通过这些平台，学生可以接触到先进的设备和技术，了解企业的生产流程和管理模式，提高自己的实践能力。

(4) 科研创新能力培养。产业学院应鼓励学生参与科研项目，培养他们的科研兴趣和创新精神。同时，加强与企业的合作，推动科技成果转化，为产业发展提供技术支持和创新动力。

(5) 就业创业服务。就业创业服务是产业学院的重要职责之一。产业学院应建立完善的就业创业服务体系，为学生提供职业规划、就业指导、创业扶持等服务。通过与企业的紧密合作，拓宽学生的就业渠道，提高他们的就业竞争力。

2. 建设路径

产业学院的建设路径主要包括以下几个方面：

(1) 明确办学定位。办学定位是产业学院建设的首要问题。产业学院应根据区域经济发展和产业布局的需要，明确自己的办学定位和发展方向。通过市场调研和需求分析，确定人才培养的目标和规格，为产业发展提供有力的人才支撑。

(2)加强校企合作。校企合作是产业学院建设的重要途径。产业学院应积极与企业建立紧密的合作关系,共同制定人才培养方案、开发课程资源、建设实践教学平台等。通过校企合作,可以实现资源共享、优势互补,提高人才培养的质量和效益。

(3)推进产教融合。产教融合是产业学院建设的核心任务。产业学院应将产业元素融入人才培养的全过程,使教学与生产、科研与应用紧密结合。通过产教融合,可以培养学生的职业素养和实践能力,提高他们的就业竞争力和职业发展潜力。

(4)创新人才培养模式。创新人才培养模式是产业学院建设的关键环节。产业学院应根据人才培养目标和规格的要求,创新人才培养模式和教学方法。通过引入项目式教学、案例教学等现代教学方法,激发学生的学习兴趣和主动性,培养他们的创新精神和实践能力。

(5)完善评价体系。评价体系是产业学院建设的重要保障。产业学院应建立完善的评价体系,对人才培养的质量进行全面、客观的评价。通过引入第三方评价机构、建立毕业生跟踪反馈机制等方式,及时了解人才培养的效果和社会需求的变化,为改进教学和提高质量提供依据。

(四)产业学院建设的保障措施

要确保产业学院建设的顺利进行和可持续发展,必须构建一套行之有效的保障措施。

1. 政策环境保障

政策环境是产业学院建设的基础和前提。政府应出台相关政策,明确产业学院的建设目标、发展方向和支持措施。首先,要制定产业学院建设的长期规划,确保其与国家和地方的经济社会发展战略相衔接。其次,要给予产业学院在土地使用、税收优惠、人才引进等方面的政策支持,降低其运营成本,提高其吸引力。此外,还要建立健全产业学院的法律法规体系,规范其办学行为,保障其合法权益。

2. 资金投入保障

资金投入是产业学院建设的重要保障。产业学院的建设和运营需要大量的资金支持,用于基础设施建设、教学设备购置、师资队伍建设等方面。因此,要建立多元化的资金投入机制,确保产业学院的资金需求得到满足。政府应设立专项资金,用于支持产业学院的建设和发展。同时,鼓励企业、社会团体和个人等社会力量通过捐赠、投资等方式参与产业学院的建设。此外,产业学院自身也应通过提供社会服务、开展产学研合作等方式筹集资金。

3. 师资建设保障

师资队伍是产业学院建设的核心力量。要确保产业学院的教学质量和水平,必须建设一支高素质的师资队伍。首先,要制定严格的教师选聘标准,注重教师的学术背景、实践经验和教学能力。其次,要加强教师的培训和发展,定期组织教师参加专业培训、学术交流等活动,提高其专业素养和教学能力。此外,还要建立激励机制,鼓励教师积极参与产业学院的建设和发展,提升其工作积极性和归属感。

4. 校企合作保障

校企合作是产业学院建设的特色和优势。通过校企合作,产业学院可以深入了解产业需求,调整专业设置和教学内容,提高人才培养的针对性和实效性。同时,校企合作还能为产业学院提供实践教学基地、兼职教师等资源,丰富教学手段和方式。因此,要建立紧密的校企合作机制,确保产业学院与企业的良性互动。政府应出台相关政策,鼓励和支持企业与产业学院开展合作。产业学院也应积极主动与企业建立联系,寻求合作机会。

5. 质量监控保障

质量监控是确保产业学院建设质量的重要手段。要建立完善的质量监控体系,对产业学院的教学质量、管理水平、社会效益等方面进行全面评估和监督。首先,要制定科学的质量评估标准和方法,确保评估结果的客观性和公正性。其次,要加强过程管理,对产业学院的教学过程、管理过程等进行实时监控和督导。此外,还要建立信息反馈机制,及时收集和处理来自学生、企业、社会等各方面的意见和建议,不断改进和优化产业学院的建设和管理。

四、产业学院服务重点产业的典型案例

新一代信息技术、智能制造等重点产业建设对职业技能人才培养提出新的更高要求。现代产业学院为推进新型工业化建设和发展新质生产力提供有力的人才支撑。高校要以现代产业学院建设为关键抓手,不断深化产教融合,推动现代产业学院人才培养模式创新,汇聚发展新动能,服务区域产业升级和经济高质量发展。

广州番禺职业技术学院绿色创新设计产业学院紧密对接广东省双十产业数字创意产业集群和广州市时尚产业集群，依托中国特色高水平高职院校艺术设计专业群，以环境艺术设计、艺术设计、产品艺术设计、视觉传播设计与制作4个专业为主体，围绕多元化、跨学科的专业技术语言创意拓展，以科技为抓手探索融合与跨界的绿色创新设计教学与实践。建立"双融入、三融通、三递进"的专业群人才培养模式，构建"平台＋专项＋实践"的环境设计类专业课程体系，实施"工作坊＋工作室"的项目化教学方式，组建"双跨界、双能力"的教师教学创新团队。培养学生具备绿色创新设计技能，成为具有"科学融入创意、技术融入设计"创新能力的复合型环境设计技术技能人才。

第三节 数智耦合，重塑产业学院基础条件和内涵建设

一、数字经济产业的发展趋势及数字技能人才培养

（一）数字经济产业的发展趋势

结合当前的技术发展、市场需求和政策环境，数字经济产业呈现出以下发展趋势：

1. 技术创新驱动

技术创新是数字经济产业发展的核心动力。随着5G、物联网、人工智能、大数据等技术的不断突破和应用，数字经济产业将迎来更加广阔的发展空间。这些技术将推动数字经济产业向更高层次、更广领域迈进，实现产业结构的优化升级。

2. 产业融合加速

数字经济产业与传统产业的融合将成为未来发展的重要趋势。数字技术将深入渗透到农业、工业、服务业等各个领域，推动传统产业的数字化、智能化改造，提高生产效率和服务质量。同时，数字经济产业内部也将实现跨领域、跨行业的深度融合，形成更加紧密的产业链和创新链。

3. 平台化生态化发展

平台化、生态化是数字经济产业发展的重要方向。随着数字技术的广泛应用和市场竞争的加剧，数字经济产业将逐渐形成以平台为核心、以生态为基础的发展模式。平台型企业将通过整合资源、优化服务、创新模式等手段，构建开放、共享、协同的产业生态，推动数字经济产业的持续健康发展。

4. 全球化布局加速

数字经济产业具有天然的全球化属性。随着全球互联网的不断发展和数字技术的广泛应用，数字经济产业将加速向全球化布局迈进。企业将通过跨国投资、合作研发、市场拓展等方式，实现全球范围内的资源优化配置和价值共创，提升国际竞争力。

5. 政策法规不断完善

政策法规是数字经济产业发展的重要保障。随着数字经济产业的快速发展和广泛应用，各国政府将不断完善相关政策法规，加强监管和引导，推动数字经济产业的规范有序发展。同时，国际间的合作与交流也将不断加强，共同推动全球数字经济产业的繁荣发展。

（二）数字技能人才培养的认识与面临的挑战

随着信息技术的迅猛发展，数字化浪潮席卷全球，对经济社会各领域产生了深刻影响。

1. 对数字技能人才培养的认识

数字技能人才培养的重要性为世界各国所普遍接受：首先，数字技能人才培养是适应时代发展的必然要求。在数字经济蓬勃发展的今天，无论是传统产业的转型升级，还是新兴产业的快速发展，都离不开数字技能的支撑。数字技能已经成为推动经济社会发展的重要动力之一。其次，数字技能人才培养有助于提升国家竞争力。在全球化的背景下，一个国家的数字技能水平直接影响其在国际竞争中的地位。通过加强数字技能人才培养，可以提高国家的整体科技实力，进而在国际竞争中占据有利地位。最后，数字技能人才培养有助于促进个人全面发展。在数字化时代，掌握数字技能已经成为个人职业发展的重要条件。通过学习和掌握数字技能，个人可以更好地适应社会环境的变化，提高自身的就业竞争力和职业发展潜力。

2. 数字技能人才培养面临的挑战

数字技能人才培养面临诸多挑战：第一，教育资源分布不均，城乡之间、区域之间数字技能教育水平存在较大差异。第二，教育体系与市场需求脱节，人才培养结构与产业需求不匹配。第三，数字技能更新迅速，教育内容和方式难以跟上技术发展的步伐。第四，数字鸿沟问题依然严重，部分群体难以获取优质的数字技能教育资源。

（三）数字技能人才培养的途径与策略

1. 培养途径

数字技能人才培养的途径有三个：

（1）学校教育途径：学校是数字技能人才培养的主阵地。通过开设相关课程，如计算机科学与技术、软件工程等，系统传授数字技能知识。同时，学校还可以与企业合作，开展实践教学，让学生在实践中提升技能。

（2）职业培训途径：职业培训机构针对市场需求，提供针对性的数字技能培训。这种培训方式灵活多样，可以满足不同人群的学习需求。

（3）在线学习途径：借助网络平台，学习者可以随时随地学习数字技能课程。在线学习资源丰富，为自主学习提供了便利。

2. 培养策略

在明确数字技能人才培养途径的基础上，本书提出以下培养策略：

（1）完善课程体系：构建科学合理的课程体系，注重理论与实践相结合。课程内容应紧跟技术发展步伐，及时更新，确保学习者掌握最新的数字技能知识。

（2）创新教学方法：采用案例教学、项目驱动等教学方法，激发学习者的学习兴趣。鼓励学习者主动探究，培养解决问题的能力。

（3）强化实践教学：实践教学是数字技能人才培养的关键环节。通过校企合作、实训基地建设等方式，为学习者提供充足的实践机会，让其在实践中锻炼技能。

（4）提升教师素养：教师是数字技能人才培养的引导者。加强教师队伍建设，提高教师的专业素养和教学能力，是确保数字技能人才培养质量的重要保障。

（5）建立评价体系：构建多元化的评价体系，注重过程性评价与终结性评价相结合。通过评价结果的反馈，帮助学习者及时调整学习策略，增强学习效果。

二、数智化教学培训体系建设规划

随着信息技术的迅猛发展,数字化、智能化已经渗透到社会的各个领域,教育领域亦不例外。数智化教学培训体系作为教育现代化的重要组成部分,对于提升教育质量、培养创新人才具有重要意义。

(一) 数智化教学培训体系构建原则

数智化教学培训体系的构建需要遵循以下原则:

1. 系统性原则

数智化教学培训体系的构建应遵循系统性原则。这一原则要求在教学培训体系的设计过程中,应全面考虑教学目标、教学内容、教学方法、教学资源等各个要素,确保它们之间的内在联系和相互作用。同时,要根据教育教学的整体规划和布局,将数智化教学培训体系与其他教学体系相衔接,形成一个有机整体,共同服务于人才培养的总目标。

2. 科学性原则

科学性原则是数智化教学培训体系构建的又一重要原则。它强调在教学培训体系的设计和实施过程中,应遵循教育教学的基本规律,运用科学的教育理念和教学方法。具体而言,要根据学生的认知特点和学习需求,合理安排教学内容和教学进度;要利用数字化、智能化的技术手段,创新教学方法和教学模式;要注重教学评价的科学性和有效性,及时反馈教学信息,调整教学策略。

3. 个性化原则

个性化原则是指在数智化教学培训体系的构建中,应充分尊重学生的个体差异和多元化需求。每个学生都有其独特的学习风格、兴趣爱好和发展潜力,因此,在教学培训体系的设计中,应注重因材施教,提供个性化的学习支持和服务。例如,可以通过智能推荐系统为学生提供定制化的学习资源和学习路径;可以利用大数据分析技术,对学生的学习情况进行跟踪和评估,提供精准的学习指导和帮助。

4. 开放性原则

开放性原则是数智化教学培训体系构建中不可或缺的原则。它要求在教学培训体系的设计和实施过程中,应保持开放的态度和视野,积极吸收和借鉴国内外先进的教育理念和教学经验。同时,要注重教学资源的共享和协同,打破地域和校际的限制,构建开放性的教学培训平台。此外,还要鼓励学生参与教学培训体系的建设和完善,充分发挥学生的主体作用和创造力。

5. 可持续性原则

数智化教学培训体系的构建还应遵循可持续性原则。这一原则强调在教学培训体系的规划和实施过程中,应注重长期效益和可持续发展。具体而言,要根据教育教学的发展趋势和未来需求,制定具有前瞻性的教学培训计划;要注重教学资源的可持续利用和管理,避免浪费和重复建设;要加强师资队伍的建设和培训,提高教师的专业素养和教学能力;要建立健全的教学评价体系和反馈机制,不断完善和优化教学培训体系。

(二)数智化教学培训体系建设内容

数智化教学培训体系建设内容包括以下几个方面:

1. 教学资源建设

教学资源是数智化教学的基石。在建设数智化教学培训体系时,应首先加强教学资源的建设,包括:一是数字化教材的开发与利用,将传统纸质教材转化为电子教材,便于学生随时随地学习;二是多媒体教学资源的制作与整合,如教学视频、音频、动画等,以丰富多样的形式呈现教学内容;三是网络教学平台的搭建与维护,为学生提供在线学习、交流、测试等功能。

2. 教学团队建设

优秀的教师是数智化教学的关键。因此,建设数智化教学培训体系必须重视教学团队的建设,包括:一是提升教师的信息素养,使他们能够熟练掌握和运用数字化教学工具;二是培养教师的创新能力,鼓励他们尝试新的教学方法和手段;三是构建教师学习共同体,促进教师之间的交流与合作。

3. 教学模式创新

教学模式是数智化教学的核心。在建设数智化教学培训体系时,应注重教学模式的创新。例如,可以探索基于项目的学习、翻转课堂、混合式学习等新型教学模式,以激发学生的学习兴趣和主动性。同时,还可以利用大数据、人工智能等技术,对学生的学习情况进行实时跟踪和分析,为个性化教学提供支持。

4. 教学评价改革

教学评价是数智化教学的重要组成部分。传统的以考试成绩为主要评价标准的方式已经无法满足数智化教学的需求。因此，必须对教学评价进行改革。新的评价方式应更加注重过程评价、表现评价和多元评价，以全面反映学生的学习情况和进步程度。同时，还可以利用大数据技术对学生的学习数据进行挖掘和分析，为教学评价提供科学依据。

（三）数智化教学培训体系实施策略

数智化教学培训体系实施可以从以下策略入手：

1. 明确目标与定位

在实施数智化教学培训体系之前，首先需要明确目标与定位。这包括确定数智化教学培训体系在教育领域中的角色与功能，以及针对不同学习者和教学场景的具体应用目标。只有明确了目标与定位，才能确保数智化教学培训体系的实施有的放矢。

2. 整合优质教学资源

数智化教学培训体系的实施需要依托丰富的教学资源。因此，整合优质教学资源是实施数智化教学培训体系的关键环节。这包括收集、筛选、整合各类数字化教学资源，如在线课程、教学视频、学习软件等，以及利用智能化技术手段对教学资源进行深度加工和优化配置。

3. 构建智能化教学平台

智能化教学平台是数智化教学培训体系的重要载体。通过构建智能化教学平台，可以实现教学资源的集中管理、教学过程的实时监控以及学习成果的精准评估。在构建智能化教学平台时，应注重平台的可扩展性、易用性和安全性，以确保数智化教学培训体系的顺利实施。

4. 推广与应用数智化教学培训体系

推广与应用是数智化教学培训体系实施的重要环节。通过广泛的宣传与推广，可以让更多的教育者和学习者了解并接受数智化教学培训体系。同时，积极拓展数智化教学培训体系的应用场景，如在线教育、企业培训、职业教育等，以推动数智化教学培训体系的普及与发展。

5. 持续优化与改进

数智化教学培训体系的实施是一个持续优化的动态体系。在实施过程中,应密切关注学习者的反馈和需求变化,及时调整教学策略和优化教学资源配置。同时,积极引进新技术、新方法,不断完善数智化教学培训体系的功能与性能。

三、虚实结合的数智化实训基地建设规划

(一) 数智化实训基地建设的必要性

随着科技的飞速发展,数字化、智能化已成为时代的主旋律,它们正以前所未有的速度改变着我们的生活方式和工作模式。在这一大背景下,数智化实训基地的建设显得尤为重要,它不仅是培养新时代人才的关键平台,更是推动产业转型升级和创新发展的有力支撑。

1. 培养新时代人才的迫切需要

当前,社会对人才的需求已发生深刻变化,传统的人才培养模式已难以适应新时代的发展要求。数智化实训基地通过提供先进的实训环境和丰富的实训内容,能够帮助学生快速掌握数字化、智能化技术,提升其实践能力和创新能力,从而更好地适应未来职场的需求。

2. 推动产业转型升级的重要支撑

随着科技的进步和产业结构的调整,传统产业正面临着转型升级的压力。数智化实训基地通过与企业合作,共同开发实训项目,能够将最新的技术成果转化为生产力,推动产业的技术升级和产品换代。同时,实训基地还能为企业提供定制化的人才培训服务,帮助企业提升员工技能水平,增强企业核心竞争力。

3. 促进创新发展的有力抓手

创新是引领发展的第一动力。数智化实训基地作为创新资源的重要集聚地,通过搭建创新平台、汇聚创新人才、开展创新活动,能够激发社会的创新活力,推动科技创新成果的涌现和转化。此外,实训基地还能通过举办各类技能竞赛、创新创业大赛等活动,发现和培养一批具有创新精神和实践能力的优秀人才。

（二）数智化实训基地建设规划原则

数智化实训基地建设应遵循以下规划原则，以确保基地建设的科学性、前瞻性和实用性。

1. 前瞻性原则

数智化实训基地建设应具有前瞻性，紧跟科技发展趋势和产业变革方向。在规划过程中，应充分考虑新一代信息技术、人工智能、大数据等前沿科技的应用，确保基地设施与技术装备能够适应未来产业发展的需求。同时，基地建设还应关注职业教育改革方向，对接国家职业技能标准和行业人才需求，为培养符合未来市场需求的高素质技术技能人才奠定基础。

2. 系统性原则

数智化实训基地建设应遵循系统性原则，实现硬件设施、软件资源、教学内容和管理体系的有机整合。在硬件设施方面，应统筹规划实训基地的空间布局、功能分区和设备配置，打造功能完善、布局合理的实训环境。在软件资源方面，应注重数字化教学资源的开发和整合，建设丰富多样的在线课程、虚拟仿真实训项目等教学资源库。在教学内容上，应结合行业发展趋势和岗位技能要求，设计模块化、层次化的实训课程体系。在管理体系上，应建立科学规范的管理制度和运行机制，确保实训基地的高效运转。

3. 创新性原则

数智化实训基地建设应坚持创新性原则，鼓励教学模式创新、科技创新和机制创新。教学模式创新方面，应积极探索线上线下相结合的混合式教学模式，运用现代信息技术手段增强教学效果。科技创新方面，应支持师生开展科技研发活动，推动科技成果转化和应用。机制创新方面，应深化产教融合、校企合作，构建政府、企业、学校等多方参与的协同育人机制。

4. 开放性原则

数智化实训基地建设应遵循开放性原则，实现资源共享和优势互补。首先，基地应向社会开放，主动对接行业需求和市场变化，与企事业单位建立紧密的合作关系，共同开展人才培养、技术研发和社会服务等活动。其次，基地应实现校际资源共享，推动不同学校之间的课程互选、学分互认和师资互聘等合作机制。最后，基地应积极参与国际交流与合作，引进国际先进的职业教育理念和教学资源，提升基地的国际化水平。

5. 可持续性原则

数智化实训基地建设应坚持可持续性原则,注重环境友好、资源节约和绿色发展。在规划过程中,应充分考虑节能减排、循环利用等环保理念在实训基地建设中的应用。同时,应建立科学合理的设备更新和维护机制,确保实训基地的长期稳定运行。此外,还应关注师资队伍的可持续发展问题,通过培训、引进等多种途径提升师资队伍的整体素质和教学能力。

(三) 数智化实训基地建设实施策略

数智化实训基地建设应遵循"统筹规划、分步实施、注重实效"的原则,具体实施策略如下:

1. 明确建设目标

根据区域经济发展和产业布局,结合学校专业特色和优势,明确实训基地的建设目标。例如,可以围绕智能制造、大数据分析、云计算等领域,打造具有区域影响力的数智化技能人才培养基地。

2. 科学规划布局

实训基地的布局应充分考虑功能分区、设备配置、环境营造等因素。可以设置理论教学区、实践操作区、创新研发区等功能区域,确保各区域既相互独立又相互联系。同时,要注重设备的先进性和实用性,确保满足教学和实训需求。

3. 加强校企合作

积极与行业领先企业开展合作,共同制定人才培养方案、开发课程资源、建设实训基地。通过引入企业真实项目、共建实验室、共享师资等方式,实现校企深度合作,提升人才培养的针对性和实效性。

4. 注重师资培养

教师是实训基地建设的核心力量。要注重引进和培养具有数智化技能背景的高水平教师,构建科学合理的师资队伍。同时,要加强教师的实践能力和教学能力培训,提升教师的整体素质。

5. 完善管理体系

建立健全实训基地的管理体系,包括设备管理、安全管理、教学管理等方面。要明确各部门职责,确保实训基地的高效运行。同时,要加强与企业的沟通协作,共同制定实训基地的发展规划和管理制度。

四、产业学院融合数智技术的典型案例

从产业数智化到教育数智化,职业院校不断深化产业学院建设,支持企业与院校深度合作,建立多元化的产教融合人才培养模式,并通过搭建产教深度融合的重要平台,加强校企合作人才培养,推动我国数字经济高质量发展,为新质生产力提供智力基础。

广州番禺职业技术学院中望工业软件产业学院以国产工业软件示范教学基地建设为抓手,对接区域支柱产业、新兴产业和特色产业链,与行业企业共同推进产教融合深度融合。充分发挥产业优势,创新发展格局,打造人才培养、课程建设、教学资源及教材开发、基地建设、师资建设、产学研转化、技术创新、社会服务和学生实习就业等功能于一体的人才培养创新发展高地。

产业学院以产业发展和市场需求为导向,依托虚拟现实和人工智能等新一代信息技术,将信息技术和实训设施深度融合,以实代虚、以虚助实,建设符合要求并满足需求的虚拟仿真实训教学场所,利用教学管理和分享系统对虚拟仿真实训基地进行整体管理及资源调配共享,推进虚拟仿真实训基地建设;深化"三教"改革,强化教、学、做融合,解决教学实训中看不到、进不去、成本高、危险性大等特殊困难,不断加强优质虚拟仿真资源建设与应用,提升职业教育人才培养质量和服务经济社会发展能力。

第四节 利益整合,完善产业学院组织建构和保障体系

一、产业学院内部治理结构框架及运行原理

(一)产业学院内部治理结构框架

产业学院的内部治理结构框架的组成要素主要包括决策机构、执行机构、监

督机构和支持保障机构四个部分，它们相互独立、相互制衡，共同构成了产业学院内部治理的基础架构。

1. 决策机构

决策机构是产业学院内部治理的核心，负责制定学院的发展战略及决策重大事项。一般而言，产业学院的决策机构由理事会或董事会担任，其成员由高校、企业、行业协会等多方代表组成，以确保决策的科学性和民主性。

2. 执行机构

执行机构是产业学院内部治理的关键，负责实施决策机构制定的各项决策和任务。执行机构通常由院长、副院长等行政管理人员以及各教学科研部门负责人组成，他们根据学院的总体规划和目标，具体负责学院的日常运行和管理工作。

3. 监督机构

监督机构是产业学院内部治理的重要保障，负责对决策机构和执行机构的工作进行监督和评估。监督机构可以由监事会或学术委员会等担任，其成员应具有广泛的代表性和专业性，以确保监督的有效性和公正性。

4. 支持保障机构

支持保障机构是产业学院内部治理的基础，负责为学院的教学、科研和社会服务等活动提供必要的支持和保障。这些机构包括财务、人事、后勤等部门，它们的工作直接关系到学院的正常运行和发展。

（二）产业学院内部治理运行机制与原则

1. 运行机制

产业学院内部治理结构框架的运行机制主要包括以下几个方面：

（1）决策机制。决策机制应遵循民主集中制的原则，确保决策的科学性和民主性。决策过程中应充分听取各方意见，权衡利弊，形成符合学院整体利益的决策。

（2）执行机制。执行机制应注重效率和效果，确保各项决策得到及时有效的落实。执行过程中应加强沟通协调，形成工作合力，推动学院各项工作的顺利开展。

（3）监督机制。监督机制应保持独立性和公正性，对学院内部治理进行全面有效的监督。监督过程中应发现问题及时提出整改意见,并督促相关部门进行整改落实。

2. 运行原则

产业学院内部治理的运行原理主要体现在以下几个方面:多元共治、民主决策、科学执行和有效监督。

(1)多元共治。多元共治是产业学院内部治理的基本原则。在产业学院中,高校、企业、行业协会等多方主体共同参与治理,形成多元化的治理格局。这种多元共治的模式有助于汇聚各方资源、智慧和力量,推动产业学院的持续健康发展。

(2)民主决策。民主决策是产业学院内部治理的重要机制。产业学院的决策机构在制定重大决策时,应充分听取各方意见,确保决策的民主性和科学性。同时,民主决策也有助于增强各方主体的责任感和使命感,提高决策的执行力。

(3)科学执行。科学执行是产业学院内部治理的关键环节。执行机构应根据决策机构的决策和学院的总体规划,制定科学合理的实施方案和计划,并严格按照计划和方案进行执行。在执行过程中,还应根据实际情况进行及时调整和优化,确保执行效果的最大化。

(4)有效监督。有效监督是产业学院内部治理的重要保障。监督机构应对决策机构和执行机构的工作进行全面、客观、公正的监督和评估,及时发现问题并提出改进意见。同时,监督机构还应积极推动信息公开和透明化,增强学院治理的公信力和社会认可度。

二、利益共同体下的产业学院组织建构模式

(一)利益共同体的内涵与特征

1. 利益共同体的内涵

利益共同体的形成,往往基于共同的价值观、目标追求、利益分配机制等因素。从更深层次上讲,利益共同体反映了一种相互依存、共同发展的社会关系。在这种关系中,各主体通过合作与协调,实现资源共享、优势互补,进而促进整体利益的最大化。这种社会关系的形成,既是社会分工细化的必然结果,也是全球化、信息化时代背景下,应对复杂挑战、实现可持续发展的内在要求。

2. 利益共同体的特征

利益共同体具有以下几个显著特征：

（1）利益共享性。利益共同体的最基本特征是利益共享。这意味着共同体成员在追求自身利益的同时，也承认并尊重其他成员的利益诉求。通过协商、合作等方式，共同体成员能够实现利益的合理分配和共享，从而形成一种"共赢"的局面。这种利益共享性不仅有助于增强共同体的凝聚力和稳定性，也是推动共同体持续发展的重要动力。

（2）目标一致性。利益共同体的成员在追求共同利益的过程中，往往会形成一致的目标和行动方向。这些目标可能是经济繁荣、政治稳定、文化交流等，它们反映了共同体成员的共同愿望和期待。目标一致性有助于减少内部冲突和摩擦，提高共同体的行动效率。

（3）相互依存性。在利益共同体中，各成员之间存在着紧密的相互依存关系。这种依存关系体现在资源互补、市场共享、技术合作等多个方面。任何一个成员的变动都可能对其他成员产生直接或间接的影响。因此，共同体成员需要时刻保持沟通和协调，以应对外部环境的变化和挑战。

（4）动态调整性。利益共同体并非静态不变的，而是处于不断发展和变化之中。随着外部环境的变化和内部成员的发展需求，共同体的利益结构、合作方式等都需要进行相应的调整。这种动态调整性有助于保持共同体的活力和适应性，使其能够在复杂多变的环境中生存和发展。

（二）产业学院组织建构的原则与策略

1. 组建原则

产业学院组织建构应遵循以下原则：

（1）目标导向原则。产业学院的组织建构应以明确的目标为导向，确保学院的各项活动都围绕着既定的教育目标和产业发展目标进行。这要求学院在制定组织结构和运行机制时，要充分考虑教育规律和产业发展需求，确保两者之间的有效对接。

（2）协同创新原则。产业学院的组织建构应注重协同创新，打破传统教育和产业之间的壁垒，促进教育链、人才链与产业链、创新链的有机衔接。这要求学院在组织结构上要注重跨部门、跨领域的合作与交流，形成协同创新的良好机制。

（3）灵活适应原则。产业学院的组织建构应具有灵活性和适应性，能够根据外部环境的变化和内部需求的变化进行及时调整。这要求学院在组织结构上要保持一定的弹性和开放性，能够迅速响应外部环境的变化，并通过内部调整来适应新的发展需求。

（4）资源共享原则。产业学院的组织建构应遵循资源共享原则，充分利用和整合各类资源，提高资源使用效率。这要求学院在组织结构上要注重资源的优化配置和共享利用，避免资源的浪费。

2. 组建策略

产业学院组织建构的策略有以下几方面：

（1）完善治理结构。产业学院应建立完善的治理结构，明确各方职责和权力，形成科学决策、民主管理、有效监督的运行机制。具体而言，学院可以设立董事会或理事会作为最高决策机构，负责制定学院的发展战略和重大决策；设立执行机构负责学院的日常管理和运营；设立监督机构对学院的管理和运营进行监督。

（2）加强产学研合作。产业学院应加强产学研合作，与企业、科研机构等建立紧密的合作关系，共同开展人才培养、科技研发和社会服务等活动。通过产学研合作，学院可以及时了解产业发展动态和技术创新趋势，为人才培养提供有力支撑；同时也可以借助企业和科研机构的资源优势，提升学院的科研水平和社会服务能力。

（3）构建模块化课程体系。产业学院应构建模块化的课程体系，根据产业发展需求和人才培养目标，将课程内容划分为若干个模块，每个模块对应不同的知识点和技能点。通过模块化课程体系的建设，学院可以更加灵活地组合和调整课程内容，适应不同专业、不同层次、不同需求的人才培养要求。

（4）打造双师型教师队伍。产业学院应打造双师型的教师队伍，即既具备理论教学能力又具备实践教学能力的教师队伍。为此，学院可以采取引进与培养相结合的方式，一方面引进具有丰富实践经验和行业背景的企业人才担任专兼职教师；另一方面加强对现有教师的培训和实践锻炼，提高他们的实践教学能力和行业认知水平。

（5）建立多元化评价体系。产业学院应建立多元化的评价体系，从多个维度对学生的学习成果和学院的办学效果进行评价。具体而言，学院可以采用形成性评价与终结性评价相结合的方式，既关注学生的学习过程和学习态度，又关注学生的学习结果和实际应用能力。

（三）产业学院组织建构的实践探索

在产业学院组织建构的实践探索中，可以从以下几个方面入手：

首先，产业学院应明确自身定位，确定服务面向的产业领域和人才培养目标。通过对产业发展趋势和人才需求的深入调研，产业学院可以明确自身的专业设置、课程体系和培养方向，为后续的组织建构奠定基础。

其次，产业学院应建立完善的治理结构，包括决策机构、执行机构和监督机构。决策机构负责学院重大事项的决策，执行机构负责学院日常管理和教学工作的组织实施，监督机构负责对学院各项工作进行监督和评估。通过构建科学、高效的治理结构，可以确保产业学院各项工作的顺利开展。

再次，产业学院应创新运行机制，打破传统教育模式的束缚。例如，可以实行弹性学制和学分制，允许学生根据自身情况灵活安排学习进度；可以引入企业导师制度，邀请企业专家参与人才培养过程；可以开展项目式教学和实践教学，让学生在实践中掌握知识和技能。

最后，产业学院应加强与企业的合作，实现资源共享和优势互补。可以通过共建实验室、实训基地等方式，为学生提供更加贴近实际的学习环境；可以通过共同开发课程、编写教材等方式，提高人才培养的针对性和实效性；可以通过开展产学研合作项目，推动科技成果转化和应用。

三、基于互利共赢的产业学院保障体系建设

（一）产业学院保障体系建设的必要性

产业学院不仅承载着教育教学的功能，还承担着技术研发、社会服务等多重角色。产业学院的出现，打破了传统教育与产业之间的壁垒，实现了教育与产业的深度融合。产业学院保障体系建设对于产业学院的健康发展具有重要意义，主要体现在以下几个方面：

1. 确保教育质量

保障体系通过制定统一的教学标准、质量监控和评估机制，确保产业学院的教育教学质量达到预定目标，培养出符合产业发展需求的高素质人才。

2. 优化资源配置

保障体系有助于优化产业学院的资源配置，包括资金、设备、师资等，提高资源使用效率，确保各项教学活动的顺利开展。

3. 促进校企合作

保障体系通过明确校企双方的权利和义务，建立稳定的合作机制，促进校企之间的深度合作，实现资源共享、优势互补。

4. 提升社会服务能力

保障体系有助于提升产业学院的社会服务能力，通过开展技术研发、成果转化等活动，为产业发展提供有力支持。

（二）基于互利共赢的产业学院保障体系构建策略

1. 明确合作目标与定位

在构建产业学院保障体系之初，应明确合作各方的目标与定位。高校应充分发挥人才培养、科学研究等方面的优势，为企业提供智力支持和人才保障；企业应积极参与人才培养过程，提供实习实训、就业创业等机会，共同打造产教融合的人才培养模式。

2. 完善政策与法规支持

政府应出台相关政策法规，为产业学院的健康发展提供有力保障，包括制定校企合作促进条例、明确双方权责关系、提供财政税收优惠政策等。此外，政府还应设立专项资金，支持产业学院的建设与发展。

3. 加强组织与管理保障

建立健全产业学院的组织管理机构，明确各方职责与分工。设立校企合作委员会或产教融合领导小组等机构，负责产业学院的规划、建设、运行与管理工作。同时，完善内部管理制度和运行机制，确保产业学院的高效运转。

4. 强化教学与科研保障

教学与科研是产业学院的核心任务。高校应与企业共同制定人才培养方案和教学计划，将产业需求融入课程体系和教学内容中。同时，加强师资队伍建设，引进具有丰富实践经验的企业导师参与教学工作。在科研方面，鼓励高校与企业联合开展科技攻关和成果转化活动，推动产学研深度融合。

（三）产业学院保障体系建设的核心内容

产业学院保障体系建设涉及多个方面，其中核心内容主要包括以下几个方面：

1. 组织管理体系建设

建立完善的组织管理体系，明确产业学院的管理架构、职责分工和运行机制，确保各项工作的有序开展。同时，建立健全的决策机制，确保决策的科学性和民主性。

2. 教学质量监控体系建设

教学质量是产业学院的生命线。因此，必须构建完善的教学质量监控体系，包括教学计划的制定、教学过程的监督、教学效果的评估等环节，确保教学质量的稳步提升。

3. 师资队伍建设

师资是产业学院发展的关键因素。保障体系应重视师资队伍建设，包括教师的选拔、培训、激励等方面，努力打造一支高素质、专业化的师资队伍。

4. 校企合作机制建设

校企合作是产业学院的重要特色。保障体系应建立健全的校企合作机制，明确校企双方的权利和义务，促进校企之间的深度合作，实现资源共享、优势互补。

5. 社会服务能力建设

产业学院应积极提升社会服务能力，通过开展技术研发、成果转化等活动，为产业发展提供有力支持。保障体系应为此提供必要的政策支持和资源保障。

（四）产业学院保障体系建设的实施策略

1. 完善管理体制机制

建立健全产业学院的管理体制机制，是保障体系建设的首要任务。具体包括明确产业学院的办学定位和发展目标，制定科学、合理的管理制度和运行规则，建立高效的决策、执行和监督机制，确保产业学院各项工作的顺利开展。

2. 加强师资队伍建设

师资是产业学院的核心资源,加强师资队伍建设是提升产业学院教育质量的关键。一方面,要引进和培养一批具有行业背景和实践经验的优秀教师;另一方面,要构建科学、合理的师资评价体系,激励教师积极投身教学和科研工作。

3. 优化课程体系设置

课程体系是产业学院人才培养的载体,优化课程体系设置对于提升人才培养质量至关重要。产业学院应根据行业需求和学生特点,构建模块化、层次化、系统化的课程体系,注重理论与实践的结合,培养学生的综合素质和专业技能。

4. 强化实践教学环节

实践教学是产业学院的重要特色,强化实践教学环节有助于培养学生的实践能力和创新精神。产业学院应加强与企业的合作,共建实践教学基地,开展形式多样的实践教学活动,如实习实训、项目驱动、创新创业等,让学生在实践中学习、在实践中成长。

5. 构建质量监控与评价体系

质量监控与评价体系是产业学院保障体系的重要组成部分。产业学院应建立全方位、多层次的质量监控与评价体系,对教学质量、学生满意度、毕业生就业率等关键指标进行持续跟踪和评估,及时发现问题并采取措施进行改进。

参考文献

[1] 郑元丰,高艳飞.高职院校对接产业园区的"院园融合"模式研究:以中山火炬职业技术学院为例[J].广东职业技术教育与研究,2023(2):181-184.

[2] 陈永春.产教融合背景下高职院校产业学院的建设路径探究[J].时代人物,2023(25):67-69.

[3] 张连富,张向阳,陈潇.现代产业学院多专业交叉人才培养探索[J].2023(30):18-21.

[4] 梅雪峰,李兵.高职院校产业学院的产教融合路径[J].机械职业教育,2022(9):39-42.

[5] 杭国花,张豪.企业新型学徒制与民办高职产业学院建设研究[J].中外企业文化,2022(1):80-81.

[6] 邢晖,曹润平,戴启培.高职院校产业学院现状调研与思考建议[J].国家教育行政学院学报,2022(9):20-29.

[7] 段明.基于产教融合的高职产业学院治理模式、问题与路径[J].教育与职业,2021(16):28-35.

[8] 胡文龙.论产业学院组织制度创新的逻辑:三链融合的视角[J].高等工程教育研究,2018(3):13-17.

[9] 张艳芳,雷世平.论混合所有制产业学院的内涵、地位及属性[J].中国职业技术教育,2018(34):50-55.

[10] 沈绮云,万伟平.产教融合提升校企合作中的企业主体地位:以中山职业技术学院产业学院校企合作长效机制建设为例[J].辽宁高职学报,2015,17(8):31-34.